Histórias dos Verdadeiros Campeões de Vendas

DIEGO MAIA

Histórias dos Verdadeiros Campeões de Vendas

ALTA BOOKS
EDITORA
Rio de Janeiro, 2014

ISBN: 978-85-7608-812-7

Impresso no Brasil — 1ª Edição, 2014

Produção Editorial
Editora Alta Books

Gerência Editorial
Anderson Vieira

Editoria Nacional
Cristiane Santos
Daniel Siqueira
Daniel Schilklaper
Licia Oliveira
Livia Brazil

Supervisão Gráfica
Angel Cabeza

Supervisão de Qualidade Editorial
Sergio Luiz de Souza

Supervisão de Texto
Jaciara Lima

Conselho de Qualidade Editorial
Angel Cabeza
Danilo Moura
Jaciara Lima
Natália Gonçalves
Sergio Luiz de Souza

Design Editorial
Auleriano Messias
Aurélio Corrêa

Marketing e Promoção
marketing@altabooks.com.br

Equipe Editorial
Beatriz Oliveira
Claudia Braga
Evellyn Pacheco
Juliana de Paulo
Marcelo Vieira
Milena Souza
Thiê Alves
Vanessa Gomes
Vinicius Damasceno

Revisão Gramatical
Silvia Parmegiani

Diagramação
Futura

Layout, Capa e Ilustrações
Aurélio Corrêa

Dados Internacionais de Catalogação na Publicação (CIP)

M217h Maia, Diego.
Histórias dos verdadeiros campeões de vendas : relatos, reflexões e dicas de quem faz a economia girar / Diego Maia. – Ed. rev. e ampl. – Rio de Janeiro, RJ : Alta Books, 2014.
152 p. ; 21 cm.

ISBN 978-85-7608-812-7

1. Vendedores. 2. Vendas. 3. Sucesso nos negócios. I. Título.

CDU 658.85-051
CDD 658.85

Índice para catálogo sistemático:
1. Vendedores 658.85-051

(Bibliotecária responsável: Sabrina Leal Araujo – CRB 10/1507)

ALTA BOOKS EDITORA
Rua Viúva Cláudio, 291 – Bairro Industrial do Jacaré
CEP: 20970-031 – Rio de Janeiro – Tels.: 21 3278-8069/8419 Fax: 21 3277-1253
www.altabooks.com.br – e-mail: altabooks@altabooks.com.br
www.facebook.com/altabooks – www.twitter.com/alta_books

DEDICATÓRIA

Escrevo este livro na condição de vendedor. Quando chego a um hotel e preencho uma ficha, não coloco qualquer outra função no campo profissão. Eu poderia colocar várias: empresário, presidente, diretor, gerente, palestrante, locutor de rádio, jornalista, profissional de RH, corretor, consultor, representante. Mas coloco lá que sou... vendedor.

Por isso, como um legítimo representante da classe, escrevi este livro para os milhares de homens e mulheres de vendas que tive o prazer de conhecer ao longo de meu trabalho à frente do **CDPV — Centro de Desenvolvimento do Profissional de Vendas** — e das demais operações do **Grupo CDPV.**

Esta obra foi criada para homenagear esses guerreiros e guerreiras que todos os dias, sob a chuva ou sob o sol, deixam suas casas e vão à luta. É uma homenagem, um reconhecimento ao árduo trabalho daqueles que fazem girar verdadeiramente a economia mundial.

Também dedico este livro a todos os colaboradores do CDPV e do RH Vendas. Aos que estão lá, aos que já passaram e aos que virão. De uma forma ou de outra, todos contribuíram significativamente para o nosso sucesso.

E, como não poderia deixar de ser, agradeço a atenção, a paciência e o apoio das pessoas mais importantes na minha vida: minha esposa Lorena e minha filha Victória. É por vocês. É para vocês.

AGRADECIMENTOS MAIS DO QUE ESPECIAIS

A realização desta obra não seria possível sem a colaboração intensa dos milhares de profissionais de vendas que já participaram dos treinamentos, palestras e seminários do CDPV. Todos eles, de alguma forma, contribuíram para a construção deste livro ao me contarem suas histórias e ao trocarmos ideias.

As histórias que você lerá neste livro foram inspiradas no trabalho de pessoas visionárias e, por isso, resolvi publicá-las e colaborar com o trabalho. Vamos refletir, aprender e crescer baseados em experiências cômicas. Em alguns momentos você vai rir. Em outros, terá vontade de chorar.

Todos os nomes (de pessoas, empresas, empreendimentos) foram trocados para preservar a identidade dos profissionais envolvidos nos fatos. A única exceção faço à primeira história publicada. Na verdade, ela é parte de um relato emocionante sobre a "vida e obra" do gerente comercial Tulio Louvain, que muito admiro. Valeu, Tulhão!

Qualquer omissão contida nesta lista de agradecimentos especiais será corrigida no próximo livro.

Adriana Amado
Alexandre Cunha de Queiroz
Armando Cesar
Carlos Alberto Souza Vasconcelos (Carlão)
Carlos Leuzzer
Claudio Lopes de Carvalho
Denise Brito Rodrigues
Eldo Jasbick
Eliziane Mendes
Jairo Teixeira da Silva Júnior
João Couto
José Heitor
Kelly Ribeiro
Lavy Costa Filho
Luciano Fernandez

Luiz Correa
Luiz Eduardo
Marcelo Noronha
Marco Aurélio
Marcus Vinícius
Maricyr de Oliveira
Mauro Carvalho Pinto
Monica Leone
Pablo Fernandes Correa
Ricardo Lima
Ruy Ribeiro
Sandra Gonçalves Rocha
Sergio Oliveira Souza
Sheila Helena de Oliveira
Tulio Louvain
Walmir Alves da Silva
Wilma Moreira de Souza

Sumário

INTRODUÇÃO

Antigamente, se rezava a máxima que um filho que não tinha se tornado um doutor seria ou padre, ou funcionário concursado do Banco do Brasil ou vendedor. Principalmente se não tivesse aptidão para nada. Ainda bem que eu não vivi nesta época!

Por causa do programa que apresento na rádio carioca MPB FM, recebo diariamente dezenas de e-mails de ouvintes atuantes nos mais diversos ramos e segmentos pedindo dicas, fazendo perguntas e buscando orientação. Um dia, essas respostas estarão em um livro; pode me cobrar.

Certa vez, ao chegar ao CDPV (Centro de Desenvolvimento dos Profissionais de Venda) minha assistente avisa que havia uma senhora me aguardando. Ela fazia questão de falar comigo. Durante uns quinze minutos, comentou que ficou muito tocada com uma determinada mensagem que foi ao ar na emissora. Fez críticas, deu sugestões e trocou ideias. O final foi marcante: "Diego, arruma um emprego pro meu sobrinho, NEM QUE SEJA de vendedor...".

Eu fiquei da mesma forma que você: boquiaberto. Não esperava por aquilo.

A grande verdade é que ninguém cresce querendo ser vendedor. Em geral, crianças e adolescentes, assim como seus pais, possuem outros sonhos e outros planos. No varejo principalmente, se passam a trabalhar com vendas, encaram aquilo como passageiro, provisório. É o verdadeiro "Jáque". "Já que não dei certo em nada, virei vendedor."

Ao longo de minha trajetória profissional, só encontrei uma única pessoa que afirmava trabalhar com representação comercial desde que se entendia por gente. O seu desejo vinha porque o bisavô havia sido caixeiro viajante e passou o ofício para o avô. Seu pai, em vida, foi representante comercial da indústria de autopeças. Na representação comercial, em muitos casos, é como uma capitania hereditária: passa de pai para filho.

Na prática, os profissionais mais bem-sucedidos de hoje um dia foram "Jaques". Evandro Correa — um dos mais bem-sucedidos profissionais do mercado de turismo, começou a vida como bancário. Edson Calheiros — atualmente diretor comercial do CDPV — começou a vida como técnico em eletrônica e pensava seguir carreira militar. O gerente campeão de vendas do grupo Brasil Brokers — maior grupo de intermediação imobiliária da América Latina —, atuante na Patrimóvel Niterói, o Marinho, cursou Direito e sonhava em seguir na profissão, até ser fisgado pela área comercial.

Mesmo tendo começado meio que sem rumo, os profissionais de sucesso de hoje passaram a **gostar profundamente** dessa atividade. Será este um dos passos para o sucesso profissional? Gostar do que se faz?

Após sucessivos anos, o "vendedor de alguma coisa" foi se especializando, livros foram publicados contando histórias de sucesso, a indústria se aperfeiçoando, chegaram as multinacionais. Máquinas cada vez mais velozes, explosão do consumo. Toda a produção precisava ser escoada para algum lugar. Entra, então, o vendedor desses produtos.

Com o aquecimento da economia, todas as empresas precisam de bons vendedores. Mas pecam em não proporcionar incentivo, treinamento e remuneração adequada. Querem sempre pagar o mínimo possível e exigir o maior resultado. Não motivam e não orientam. Desta forma, terão sempre os "Jaques por escolha", aqueles que apenas "estão" vendedores.

Existem exceções. E é lá que o bom profissional de vendas está trabalhando agora. Ele tem direção, motivação, condições de trabalho e crescimento profissional com um verdadeiro plano de carreira aliado a treinamento, seja interno ou externo. Esses são os **ingredientes necessários** para a construção de uma vitoriosa carreira de vendas.

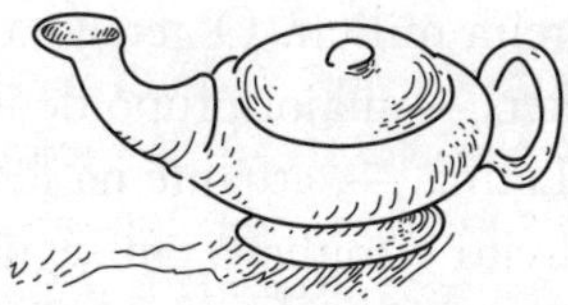

O Vendedor e o Gênio da Lâmpada

Certa vez, um vendedor externo chegou a uma cidade litorânea. Após percorrer quase todo o município sem tirar nem um pedido sequer, e já desesperado com a negativa de diversos clientes, resolveu passear pela orla, mais precisamente pela areia, molhando seus pés na água salgada do mar. Era para tirar o mau-olhado e atrair coisas boas.

Encostou seu carro, tirou o paletó, os sapatos e as meias, e saiu, sem compromisso, chutando todos os tipos de objetos que via na areia.

Até que esbarrou em um objeto estranho. Reparou que era uma garrafa muito antiga. E, de dentro da garrafa, saiu uma nuvem de vapor, dando lugar a uma forma humana. Era um gênio encantado, desses que só vemos em desenho animado.

— Obrigado por me libertar! Vou lhe conceder três pedidos! — disse o gênio.

O vendedor, atônito com a situação inusitada, não titubeou:

— Aguenta um minutinho que vou ao carro pegar o meu talão de pedidos!

DICA PRÁTICA: Vendedor que é vendedor prioriza sempre o seu negócio e não desperdiça nenhuma oportunidade de venda. Ele sabe que boa parte do sucesso é construída à noite, nos finais de semana e nos feriados: estudando, lendo, fazendo networking, vendendo.

"Chega junto" e acredita "em todas as bolas". Não preconceitua um cliente e, como um bom brasileiro, não desiste nunca!

Um Bom Vendedor se Faz com Persistência e Boas Ideias

Tudo começou quando viu um anúncio nos classificados em letras garrafais: "Indústria precisa de Representante de Vendas para atuar no Espírito Santo. Produto de alto consumo". Quando chegou ao processo seletivo, descobriu que o produto era lingerie e de uma marca que poucos conheciam.

Foi aprovado, mas não conhecia nada naquele lugar, muito menos entendia de lingerie. Carioca, saía de casa na segunda-feira no Rio de Janeiro e só voltava na sexta.

Já no território novo, chorava muito à noite quando chegava ao hotel para dormir: lembrava-se de sua filha. Entrou em depressão.

Um tio o levou ao médico. O doutor era esquisitão: viu que o representante, novo, não tinha nada e recomendou: "amigo, quando esta deprê bater e seu coração acelerar, faz o seguinte: encara, vai para um boteco e enfia os cornos".

O representante saiu do consultório desacreditado do médico, mas um belo dia, naquela cidade do interior do estado, bateu a tristeza, e ele pensou: "o hospital fica longe, está tudo muito complicado". Então, lembrou-se do médico e, automaticamente, de uma birosca próxima à pensão em que se hospedava. Para lá ele foi. Tomou todas, não aconteceu nada e ficou curado.

Era uma dificuldade terrível para vender lingerie. Naquela época, as mulheres só queriam saber de marcas top, mas ele conseguia fechar alguns negócios com pequenos lojistas. Passados uns seis meses e, já com alguma experiência com os produtos e com a praça, começou a visitar os grandes lojistas e os magazines.

Certo dia, conheceu uma loja em Cachoeiro de Itapemirim, terra do rei Roberto Carlos. A loja vendia muito: era a Renato Confecções. A compradora era uma verdadeira "casca-grossa", "osso duro de roer". Mas se ele conseguisse emplacar sua lingerie ali "estaria feito", pois ganharia uma visibilidade incrível na região.

Já estava na quinta visita e nada. A compradora não deixava o representante nem abrir o mostruário.

Depois da sexta visita, deixou a loja revoltado. Foi para seu hotel, tomou um banho, esfriou a cabeça e desceu para pegar um ar. Encontrou uma turma de vendedores jogando conversa fora; os amigos estavam combinando uma ida a uma "casa de saliência". Ele foi. Depois de algumas cervejas, conversa vai, conversa vem, teve uma ideia que mudaria seu negócio para sempre: "vou dar umas peças para essas meninas e pedir para cada dia uma delas ir até aquela loja com a peça na mão e perguntar, de preferência para a compradora (que também atendia no balcão), se eles têm calcinhas e sutiãs daquela marca".

E assim fez.

Voltou à "casa de saliência" depois de uns quinze dias. Perguntou às moças se tinham ido à loja. Todas confirmaram. Deu mais alguns brindes para elas.

No dia seguinte, bem cedinho, foi à loja, abordou a compradora "casca-grossa", falou que estava com uma coleção maravilhosa, com novos modelos, realmente incrível!

— Qual é a marca mesmo? — perguntou a compradora.

Respondeu enquanto abria rapidinho a mala, pegou a calcinha mais linda e a colocou na mão da cliente, que olhou, olhou, chamou uma balconista e perguntou: "Foi esta marca aqui que andaram procurando dias atrás?" A resposta foi positiva.

Tirou um *pedidaço*.

Mas a história não acabou aí.

O representante perguntou à compradora se poderia fazer uma promoção para as balconistas, na intenção de incrementar suas vendas. Com a resposta positiva, investiu pesado.

"A cada três unidades vendidas e vocês me apresentando a etiqueta das três unidades, ganham uma peça como brinde."

Saiu da loja e correu para a fábrica. Pediu aquela responsabilidade no prazo de entrega e no faturamento. Após quinze dias, a cliente recebeu os produtos e, automaticamente, ligou para o representante perguntando quando seria sua próxima visita em Cachoeiro. Como bom vendedor, fez um charminho...

Na semana seguinte, apareceu por lá e aí foi só "correr pra galera". Começou a ganhar dinheiro e comprou um Chevette preto 83. Sucesso total!

Seu nome é Tulio Louvain, hoje gerente de vendas de um dos maiores distribuidores do país, e uma verdadeira autoridade em vendas. Sou fã.

DICA PRÁTICA: Desistir quando receber um não é a mesma coisa que dar tiro no pé. Quase sempre, no início da profissão ou em uma nova empresa, as coisas andam devagar, é tudo muito fraco. Thomas Edison tentou criar a lâmpada quase mil vezes. Faz parte do repertório de competências do profissional de vendas uma boa dose de perseverança, persistência e boas ideias.

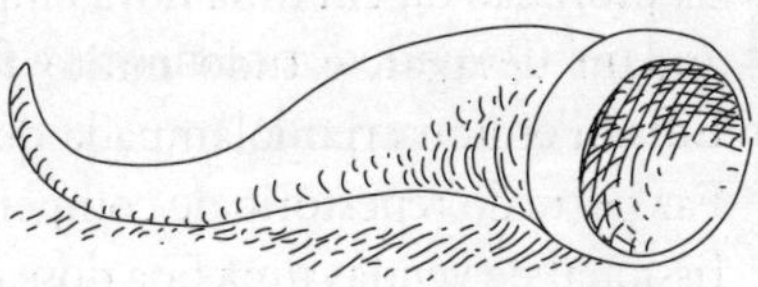

O Vendedor e o Corno

Um vendedor de motocicletas tomou coragem e resolveu sair da loja para desenvolver um trabalho de venda externa. Depois de muita prospecção se deparou, enfim, com um cliente interessado em comprar seu produto.

Vendedor: Em que moto você está interessado?

Cliente: Uma FAN 125.

Vendedor: Qual a sua função?

Cliente: Auxiliar de Corno.

Vendedor: Auxiliar de quê?

Cliente: De Corno!

Vendedor: Desculpe-me te perguntar, mas o que faz um Auxiliar de Corno?

Cliente: Faço a limpeza da sujeira que fica no Corno.

Vendedor: Me desculpe mais uma vez! Quanto ganha um Auxiliar de Corno?

Cliente: Em torno de R$ 700,00.

Vendedor: Mas como é que é Auxiliar de Corno mesmo?

Cliente: Auxiliar de FORNO! DE FORNO! DE FORNO!

Vendedor: Ah, tá. Auxiliar de Forno.

O cliente era fanho! O vendedor começou a rir sem qualquer controle e... adivinha? Perdeu a venda.

DICA PRÁTICA:	Um bom profissional de vendas não tira conclusões precipitadas, nem ironiza o cliente. Mesmo em uma situação extremamente engraçada, mantém a compostura. Concorda?

Vender, Cair e Levantar (ou Quase Isso)

Em um final de mês daqueles apertados, com venda ruim e positivação ainda pior, a representante comercial Leiloca resolveu priorizar a positivação, uma vez que sua meta estava a quilômetros de distância, assim como seus clientes (a área que ela cobria era muito ampla).

Leiloca é representante comercial de um grande atacado distribuidor focado em produtos destinados a farmácias em geral.

Em seu setor de trabalho, no interior do estado, as estradas eram de terra, prejudicando seu deslocamento. Ela era uma legítima vendedora "MacGyver": se arriscava e se aventurava mesmo. No início, achava que tudo seria fácil. Na verdade, ela era bem inexperiente.

Trabalhava de motocicleta e sempre ia em busca de bons negócios. Até o dia em que foi orientada por seu superior a visitar uns clientes ainda mais longe. E lá foi ela!

Depois de uns trinta quilômetros de asfalto a caminho desse cliente, surge então uma estrada de chão, que quase não deu tempo de ver — muita poeira, muito saibro. Resultado: capotou num buraco enorme. Quando deu por si e conseguiu se levantar, logo viu que não conseguiria continuar. Estava da cor daquele chão, com pasta e sapatos para um lado, motocicleta e capacete para o outro. Não resistiu e começou a chorar.

Naquela estrada, em um local remoto do interior, não passava nada. Só avistou um caminhão de leite e outros malucos de moto como ela.

Depois do desespero, se recompôs e disse para si mesma: "Tenho que sair daqui, chegar no vilarejo mais próximo e pedir socorro". Levantou a moto totalmente empenada — que não pegava de jeito algum — e fez um rodízio entre empurrar e chorar. A motoca mal saía do lugar.

Depois de uns sete quilômetros de dor, sofrimento e sufoco, achou um orelhão e pediu socorro para seu marido que, depois de umas duas horas, a resgatou.

DICA PRÁTICA:	Já dizia Ivan Lins: "Desesperar jamais. Aprendemos muito nesses anos. Afinal de contas, não tem cabimento entregar o jogo no primeiro tempo". Esta é uma verdadeira característica do campeão de vendas: não se deixar abalar com as dificuldades.

O Vendedor Milagroso

Em uma manhã chuvosa, Joaquim, profissional de vendas recém-promovido a gerente da filial do Rio de Janeiro de uma companhia aérea, chegou ao trabalho na certeza de que seria um dia mais tranquilo que os outros.

Eram 8 horas e 37 minutos quando o gerente da loja do aeroporto, seu par na empresa, ligou.

— Joaquim, me ajuda! Acabou de pousar um avião vindo de Recife. Tivemos um probleminha com um animal vivo que veio com o voo.

— O que que foi, cabra? — perguntou Joaquim.

— Estávamos desembarcando a bagagem e caiu a gaiolinha onde ele estava e ele não se mexeu.

Como a maioria dos gerentes, Joaquim tinha muita responsabilidade burocrática. Na ida para o aeroporto, já se visualizou respondendo a reclamações no Procon e no Juizado de Pequenas Causas, o que lhe dava calafrios. Como bom homem de resultados que era, sabia que se tivesse que desperdiçar seu tempo com processos e reclamações, produziria menos.

Ao chegar ao aeroporto, deu de cara com um poodle morto. Pensou:

— Vou perder meu emprego!

Foi ao banheiro, lavou o rosto, controlou o nervosismo, deixou a poeira baixar e usou sua criatividade para resolver o problema. Ao ser alertado por seu colega que a cliente era uma legítima dondoca da Zona Sul (daquelas que levam um pequeno cachorro para todo canto), determinou:

— Fale com a cliente para ir embora, diga que o cachorro foi extraviado e que devemos entregá-lo em, no máximo, dois dias.

Joaquim saiu de lá direto para um pet shop e, por obra do destino, achou um cachorro, digamos, igualzinho.

Dois dias depois, foi entregar pessoalmente o animal para a cliente.

— Milagre, milagre! — gritava a cliente, extremamente assustada e certa de que aquele era seu cãozinho.

No fundo, a cliente imaginava o que teria acontecido e já estava se preparando para entrar com um processo contra a companhia. Mas, como uma legítima dondoca, não poderia contar às suas amigas o acontecido, uma vez que, como reza o "manual das socialites", um cachorro precisa ter um enterro digno.

Passados uns quinze dias, a cliente liga para Joaquim, que está na loja. Ele se arrepia e revive, por segundos, todo aquele trauma.

— Seu Joaquim, eu tenho uma boa e uma má notícia. O cachorro era muito agressivo e agora está dócil. Só que ele não está respondendo pelo nome...

DICA PRÁTICA: Dois ingredientes fundamentais para o sucesso em vendas: criatividade e coragem. Para resolver um desafio (um bom vendedor não tem "problemas", tem "desafios"), pegue uma folha em branco, divida-a ao meio e relacione, de um lado, os prós de suas soluções. Do outro, os "contras". Não tome atitudes precipitadas, mas suas respostas precisam ser rápidas. Avalie as possibilidades e tenha coragem e determinação para colocar em prática.

O Vendedor Bronzeado

Era a primeira vez do vendedor novato na rua, abordando e atendendo clientes em um estande improvisado na frente de um supermercado. Ao ser abordado por um potencial cliente, algo surreal aconteceu.

Cliente: Você vende motocicletas?

Vendedor: Claro. Vendo sim.

Cliente: Você faz troca?

Vendedor: Depende! O que você tem?

Cliente: *Sundown*!

Vendedor: Até uso, mas quem usa mesmo são minhas filhas.

Cliente: Então! Pega para elas.

Vendedor: Poxa, amigo, então você vai ter que me dar um caminhão de *Sundown* para valer uma moto.

Cliente: Não entendi! Quanto custa a sua moto?

Vendedor: Tenho motos de vários preços mas, com certeza, valem muito mais do que um protetor solar!

DICA PRÁTICA: Conhecer o produto que vende e toda a concorrência é mais que um dever, é uma obrigação. Como disse Sun Tzu: "Se você conhece o inimigo e conhece a si mesmo, não precisa temer o resultado de cem batalhas. Se você conhece a sim mesmo mas não conhece o inimigo, para cada vitória sofrerá também uma derrota. Se você não conhece nem o inimigo nem a si mesmo, perderá todas as batalhas".

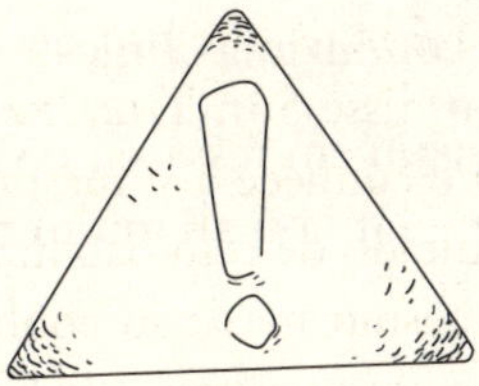

Sempre Alerta!

Walter vendia planos de assistência médica e recebeu a ligação de uma associada, cliente conquistada por ele, que tinha acabado de incluir seu neto no contrato (recém-nascido de cinco dias de vida).

A cliente estava desesperada porque o bebê tinha muitas bolinhas no corpo. Era tarde da noite, já havia ligado para várias clínicas e todas haviam se negado a atender o bebê devido ao seu pouco tempo de vida.

Mesmo cansado depois de um dia intenso de trabalho, com dezenas de visitas, pegou o guia de médicos do seu plano, ligou para várias clínicas e confirmou que, de fato, nenhuma delas se disponibilizaria a realizar o atendimento.

Mas ele não se deu por vencido. Acionou pelo menos umas quinze pessoas e, de uma delas, conseguiu o contato de uma médica pediatra que estava de plantão em uma clínica na Zona Norte da cidade.

Encerrou a ligação e imediatamente passou as informações para a cliente, já contente por tê-la ajudado. No entanto, esta morava na Zona Oeste, não possuía veículo e já era madrugada.

Walter não se fez de rogado. Saiu de casa às pressas, buscou a cliente e o bebê, e os conduziu à clínica.

A mulher ainda insistiu em ressarcir o valor da gasolina, mas Walter não quis aceitar. Ganhou ali muito mais do que em qualquer outro momento.

DICA PRÁTICA: O que você pode fazer para criar um verdadeiro "fã-clube de clientes"? O que você pode fazer para entregar muito mais do que, teoricamente, o cliente tem direito a receber? Agindo assim, você conquista clientes "indicantes e recomprantes", além de amigos.

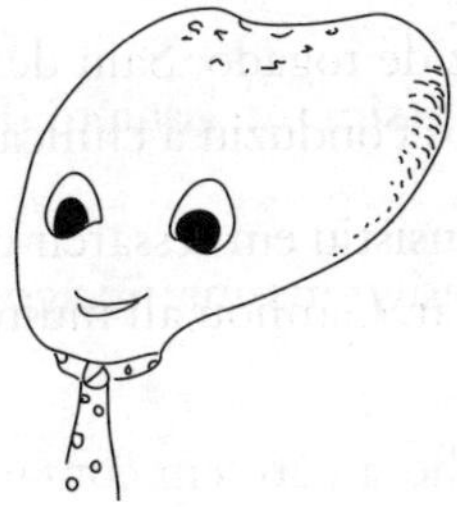

Solução na Ponta da Língua!

Mara foi originalmente contratada para fazer um trabalho de processamento de dados — pois era formada em Informática — para uma empresa varejista chamada "Fauna de Umbanda". Enquanto fazia, atrás do balcão, a contagem do estoque, entrou na loja uma senhora muito gentil, que se dirigiu a ela:

— Bom dia!

— Bom dia! Em que eu posso ajudá-la? — perguntou Mara, uma vez que todos os vendedores estavam em atendimento.

— Eu queria comprar algo para deixar o homem por quem eu sou apaixonada louco por mim.

A técnica em Informática, sem saber o que fazer, improvisou:

— Olha, ontem recebi da Bahia um estoque do "pó do amor" que, além de deixar um homem louco por você, afasta mau-olhado.

— E como que eu uso isso? — perguntou a cliente.

— Olha, a senhora pega esse pozinho rosa, passa na mão, nas axilas, agarra o homem...

— Não dá para fazer isso!

— Não? Por quê?

— Eu não tenho assim um contato físico com ele — respondeu a mulher.

Mara pensou consigo mesma: "e agora?". Rapidamente respondeu:

— Bem, se a senhora não tem contato físico, a senhora sabe onde ele mora. Pega o pó e joga no caminho dele.

— Não dá para fazer isso, cortou a cliente. Eu não faço ideia de onde ele mora.

— A senhora só tem uma saída. De onde a senhora conhece essa pessoa?

— Do meu trabalho.

— Do seu trabalho?

— Isso. Ele é meu chefe e nunca deu abertura para conversarmos.

— Olha só, a senhora faz uma coisa: dê um bom dia, passa o pozinho na sua mão e aperta a mão dele.

— Eu quero quatro — respondeu a cliente.

— Haja amor, hein! — brincou a vendedora.

Mara se tornou a consultora amorosa dessa cliente que, toda sexta-feira, ia à loja ver as novidades e comprar alguma coisa para alguma simpatia.

DICA PRÁTICA: Capacidade de improvisação é uma das características marcantes encontradas em verdadeiros profissionais de vendas. Mas, em geral, só consegue improvisar aquele que domina profundamente os produtos que vende. Senão, não passará de um enrolador e um contador de causos que nunca se realizam.

Se diferencia da concorrência o profissional que entrega uma verdadeira consultoria, seja o cliente pessoa física ou pessoa jurídica. O objetivo deve ser sempre descobrir as intenções e desejos do cliente. Para conseguir isso, coloque em ação dois verbos-chave da arte de vender: perguntar e ouvir.

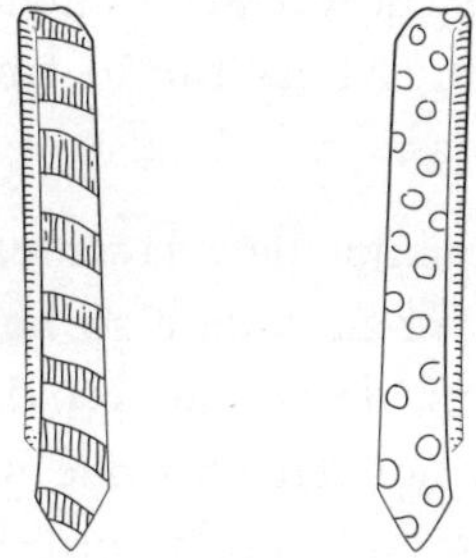

Nem Melhor nem Pior, Apenas Diferente

A vida é um aprendizado. A cada momento, recebemos a oportunidade de conhecer coisas novas e crescer como seres humanos e como profissionais. A pessoa que acredita já saber de tudo está fadada ao fracasso.

Foi com este raciocínio que João Carlos finalmente pôde entender a importância da profissão de vendas.

Quando foi contratado por sua nova empresa, assumiu dois compromissos com os clientes: manter o trabalho que já estava sendo prestado pelo vendedor anterior, e entregar um serviço digno.

Um de seus importantes clientes ganhou uma cotação para fornecer fraldas geriátricas para determinada instituição pública. Automaticamente, este pedido foi cotado com a empresa que ele representa. A venda foi concretizada depois de uma dura negociação que envolveu não só a supervisão, mas também a gerência e a diretoria.

Para o primeiro fornecimento, o cliente encomendou uma quantidade de fraldas equivalente a oitenta fardos, que deveria ser entregue diretamente na instituição, em data pré-fixada, sempre a partir das 14 horas.

No dia seguinte, quando deveria ser realizada a entrega inaugural, devido à rota pré-ajustada e ao horário, o caminhão da empresa não poderia fazê-la no endereço da instituição. Era mais um problema gerado por terceiros que impactava diretamente o trabalho do novato. Portanto, a entrega foi realizada para o cliente comprador (e não para o cliente do cliente) e na parte da manhã. Dois erros.

Era quase meio-dia quando o celular de João Carlos tocou. Seu cliente estava "soltando os cachorros", querendo uma solução imediata e ameaçando o rompimento de todo o acordo; isto lhe custaria quase 35 % de sua comissão no fim do mês.

Como uma reação imediata, João "soltou cobras e lagartos", xingando até a quinta geração do pessoal do departamento de logística.

O que fazer? A solução parecia não existir. Um milhão de pensamentos negativos passaram em sua cabeça. Depois de ter esperneado muito, cogitou até "chutar o pau da barraca". O cliente exigia que o material fosse retirado do seu estabelecimento e entregue pessoalmente na instituição.

Naquele momento, João Carlos poderia ter feito o que a maioria esmagadora dos profissionais faria: mandar o problema para a empresa resolver. Afinal, ele não foi o culpado por aquele "furo". Sua função é vender, para isso foi contratado. Ele não vive para resolver problemas, ainda mais ocasionados por terceiros.

Mas, como se fosse um milagre, avistou um caminhão de frete. Abordou o motorista, contou seu problema, ajustou um preço e dirigiu o veículo rumo ao cliente. Aquela era a única solução.

Seu orçamento era curto demais, portanto não pôde contratar ajudante. Ele mesmo carregou os oitenta fardos para o caminhão e descarregou no local estabelecido. Fez tudo sozinho!

No fim das contas, foi elogiado por seu cliente, ganhou ainda mais sua confiança e respeito, e teve a oportunidade de mostrar o seu comprometimento.

Ali, ele entendeu que o trabalho de um bom vendedor vai além do simples ato de vender. O bom profissional de vendas tem a obrigação de dar o melhor atendimento e prestar um serviço de qualidade.

DICA PRÁTICA:

Em situações adversas, manter a calma é de extrema importância. Deixar a poeira baixar e colocar a cabeça para funcionar é o que se deve fazer. Ninguém soluciona um problema focando somente no problema!

Diante de uma tremenda dificuldade, temos duas escolhas: sentar no meio-fio e chorar, ou buscar a solução. Acredite: tudo na vida tem jeito.

São as atitudes de um homem que demonstram as suas realizações. Um bom caminho é não querer ser o melhor. A grande sacada é ser a diferença.

O Vendedor Nonsense

Carlos Santana era um representante comercial que trabalhava em uma empresa que utilizava o modelo "Venda Recorrente". Ou seja: frequentemente visitava os clientes de sua carteira para fechar negócios e apresentar boas oportunidades.

Era dia 31 do mês de agosto e sua meta estava quase batida. Mas sabia que na área de vendas não existe meta "quase batida". Ou se bate ou não se bate, simples assim! Ou é bom ou é ruim, o que é só "bonzinho" já é uma catástrofe.

Por isso, arregaçou as mangas e decidiu não desistir. Um superprêmio o esperaria se trouxesse o resultado solicitado por sua empresa.

Já na rua, encontrou o que ele chamava carinhosamente de "encosto". Era um vendedor novato que ele estava treinando no modelo "carrapato", aquele em que o mais novo cola no mais experiente para aprender a rotina.

Chegando ao cliente pré-agendado, Santana notou que a recepcionista não era a de sempre. Era uma moça mais nova e muito bonita. O novato ficou praticamente obcecado: não parava de "secar" a moça, a ponto de deixá-la constrangida. Quando o cliente os chamou para entrar, o novato disparou, seguindo a antiga técnica do quebra-gelo:

— Prazer, hein! Estou impressionado. Que secretária gostosa!

E o cliente, resignado, respondeu:

— A secretária faltou hoje e minha filha veio me ajudar.

O novato não sabia o que fazer, não era de pedir desculpas. Emendou outro assunto, mudou o rumo da conversa para futebol e saiu pela tangente.

Nessa empresa, uma visita dura aproximadamente uma hora. E o cliente os dispensou em pouco mais de dez minutos. Terminada a visita, o cliente se despediu do novato de maneira muito seca e se virou para Santana dizendo:

— Você é muito bem-vindo, sempre!

O novato permaneceu pouco na empresa, não passou do período de experiência. E ficou conhecido como o "vendedor nonsense". Seu quebra-gelo sempre era constrangedor e ainda passava a imagem de oportunista.

Carlos Santana continua na empresa até hoje e vendendo muito bem para o cliente desta história. Já o "nonsense", ninguém nunca mais teve notícias.

DICA PRÁTICA:	Vendedor que fala demais e na hora errada "morre pela boca". Muitos ainda usam aquelas antigas técnicas de quebra-gelo mas, quando não sabem utilizá-las, acabam quebrando é a cara.

Um quebra-gelo eficiente jamais envolve política, religião, esporte e comentários de mau gosto.

Na verdade, nenhuma fase da venda deve conter menções a estas questões, salvo quando o profissional é muito íntimo do cliente. Ainda assim, não é bom.

Outro dia recebi um e-mail de um vendedor com a divulgação do mais novo serviço oferecido por sua empresa.

No final, colado à assinatura da mensagem, havia um versículo bíblico, do livro de João. Dizia:

"Não se turbe vosso coração. Credes em Deus, credes também em mim".

Olha o Português!

Augusto, que tem origem humilde e já passou por muitas dificuldades, é muito esforçado. Resolveu encarar a área de vendas com todas as suas forças, mas tinha bastante dificuldade de se expressar corretamente.

Cliente: Bom dia! Você faz avaliação de carros?

Vendedor: Nós **AVALEIA** sim!

Cliente: Cruzes! É isso mesmo?

Vendedor: Só não posso dizer o valor do **AVALIAMENTO**! Não sou eu que faço.

O cliente, já percebendo a deficiência linguística do vendedor, começou a ironizar.

Cliente: Teria alguém para fazer o **AVALIAMENTO**?

Vendedor: Vou chamar outra pessoa, porque isso tá fora da minha **OSSADA**!

Cliente: Olha só, deixa! Já que está fora da sua **OSSADA**, vou fazer o **AVALIAMENTO** em outro lugar. Tchau!

DICA PRÁTICA: Dominar a língua portuguesa é condição básica para o sucesso em vendas. Por mais humilde que seja seu cliente final, falar bem o idioma é vital para o êxito de qualquer tipo de venda.

Por via das dúvidas, em um e-mail, sempre utilize o corretor ortográfico. Você vai reduzir substancialmente a probabilidade de passar uma má impressão.

O Zé!

Esta é a história de um corretor de imóveis conhecido por Zé. Por volta dos anos de 1980, fez sucesso na corretagem e era visto como um "cara fora de série", uma legítima lenda. Atuou a vida toda na cidade de Niterói, região metropolitana do estado do Rio de Janeiro.

Zé era uma pessoa engraçada, mas não era "piadista". Homem simples, porém com uma confiança em si mesmo que fazia inveja. Para ele, não tinha tempo ruim.

Certo dia, Zé estava de plantão em um lançamento na Praia de Icaraí, a mais valorizada da cidade, quando parou um Opala azul, do qual desceu um senhor de baixa estatura acompanhado de seus filhos, dois meninos.

Zé prontamente se levantou e, curvando-se, o cumprimentou (Zé tinha 1,80m de altura). Já o cliente tinha uma deficiência na perna direita, que era notória.

Sentaram. Conversa vai, conversa vem, o cliente disse que estava, na realidade, procurando um imóvel de dois quartos que atendesse a seus interesses financeiros em primeiro lugar, e o lançamento oferecido estava muito acima de suas posses.

Foi aí que Zé ofereceu um apartamento no Bairro do Fonseca, zona norte da cidade, com três lances de escada, vista para o verde, e todo ele com móveis planejados (armários embutidos nos quartos, na cozinha, na área de serviço e nas dependências).

E continuou Zé:

— Vou levar o senhor em um imóvel que tem tudo que o senhor merece e, mais ainda, cabe no seu bolso.

E lá foram eles — no carro de Zé, é claro.

Depois de algumas horas, Zé retornou com o cliente à loja e fechou o negócio.

Quando o cliente saiu, colegas curiosos e descrentes perguntaram:

— Como é que você vendeu esse apartamento com três lances de escada para um "perneta" (como antigamente se dizia)?

Respondeu o Zé:

— Vocês viram que primeiro eu o levei no meu carro, que era para ele não recuar e poder ver o apartamento. Segundo, quando cheguei lá e começamos a subir as escadas, ele me indagou: "Seu José, mas é de escada?" Eu não minto e logo respondi que sim, são três lances, mas nada cansativos. E fomos subindo.

Chegando lá, ao abrir a porta, caminhei até a janela da sala, mostrei o verde e, para minha sorte, os passarinhos estavam cantando como uma orquestra. Foi lindo! Maravilhoso! E falei para o cliente: "Eu não estou lhe vendendo só o imóvel, mas também a vista, a qualidade de vida que o senhor vai desfrutar."

— Mas seu José, e as escadas?, perguntou o homem novamente.

— Psiu... Não deixe que as crianças pensem que o senhor tem um problema, e sim que o senhor é um homem forte e vitorioso, para que elas se orgulhem de serem seus filhos!

E ele me falou com os olhos cheios de lágrimas:

— Seu José, o senhor foi a única pessoa que não viu o meu defeito. E tem razão. Vou ficar com o apartamento.

Zé teve atenção redobrada com os mínimos detalhes, vendeu emoção e agregou o verdadeiro valor ao produto, principalmente pelo fato de conhecer o apartamento nos mínimos detalhes. Estas questões foram essenciais para o fechamento da venda.

Mas as histórias do Zé não terminaram. Certa vez, ele estava explicando uma modalidade de financiamento ao cliente, que naquela época era regido por normas criadas pelo extinto Banco Nacional da Habitação (BNH), cujo título era UPC.

Em um determinado momento, o cliente perguntou:

— O que é UPC?

Zé, que não deixava o cliente sem resposta mas também não ia a nenhuma aula de explicação do Sistema Brasileiro de Habitação nem lia qualquer jornal, respondeu: é a Última Prestação do Comprador.

A resposta certa seria Unidade Padrão de Capital.

E você pensa que o cliente foi embora desgostoso do atendimento do Zé?

Não, pois quando ele percebeu que tinha cometido um deslize, como ele mesmo disse, tratou logo de agradá-lo indo pegar um cafezinho. Aproveitou e foi ao pipoqueiro, trouxe pipocas para as crianças, brincou com o cachorrinho e agradou ao cliente que, naquele mesmo dia, fechou o negócio.

De acordo com registros, naquele mês, Zé foi o campeão da empresa com doze vendas escrituradas e mais três reservas em fase de escrituração.

Zé se aposentou com quase oitenta anos. Mas deixou várias frases que, até hoje, seus colegas lembram.

São dele as pérolas:

— O movimento está parado.

— O vento que está ventando.

— O aquecedor de água fria e quente.

— A árvore centenária com mais de cinquenta anos.

— Acabamento esmerado.

DICA PRÁTICA:

Zé era realmente "fora de série" e fez sucesso no seu tempo. Será que, nas mesmas condições, repetiria o feito nos dias de hoje?

Será que podemos nos inspirar com o "Modelo Zé"? Afinal, ele escutava muito bem o cliente para saber as suas necessidades, tinha o cuidado de oferecer o produto certo dentro das condições financeiras de cada um. Agregava valores ao produto, conhecendo o local e o comércio da região. Para ele, o cliente era a pessoa mais especial do mundo e, por isso, deveria ser bem tratado. O cliente era a sua razão de viver.

Em mercados de alto valor como o setor da construção civil, de automóveis, de motocicletas e de luxo (só para citar alguns), o que se vende é o que o produto pode proporcionar ao cliente. No mercado imobiliário, por exemplo, o cliente não compra uma sala, dois quartos, uma cozinha. Ele compra a conquista. O status. A qualidade de vida.

É isso que o profissional precisa vender e, não o produto em si. Sua missão deve ser, sempre, ajudar o cliente na realização de um sonho. Dinheiro é consequência de um serviço bem prestado e não de cliente frustrado.

Este ensinamento aprendi com Plínio Serpa Pinto, a maior autoridade do mercado imobiliário brasileiro: "Nunca mentir e não omitir". E isto vale para todos nós, profissionais de vendas, independentemente do ramo ou segmento de atuação.

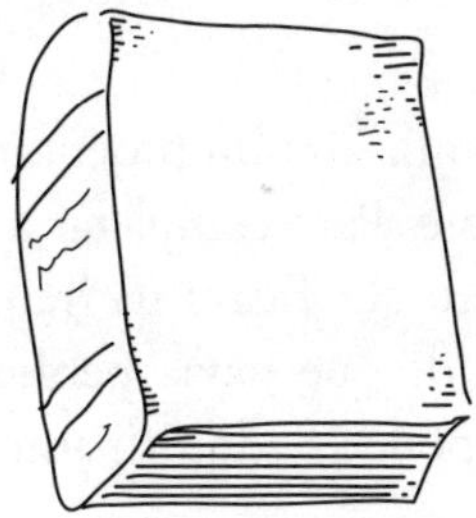

Você Compra um Livro pela Capa?

Cléo trabalhava vendendo cursos profissionalizantes. Era uma vendedora novata e, talvez por isso, exercia tarefas não muito comuns. Além de atuar com telemarketing, tinha que efetuar vendas visitando o cliente, algo que não é de costume acontecer. Geralmente, você faz uma coisa ou outra.

Era mais um dia daqueles: vendas fracas, muita chuva, metas a serem batidas. Parecia que a desmotivação tomava conta do salão. Mas Cléo não tinha como fugir: era vender ou vender.

Pegou uma lista de prospects com a secretaria de vendas e começou a ligar. Depois de muitos nãos, fez contato com um rapaz. Explicou sobre o produto e conseguiu marcar uma visita para aquele mesmo dia.

E lá foi Cléo, debaixo de uma chuva daquelas. No caminho, descobriu que o rapaz morava em um bairro humilde, pouco valorizado. Ao chegar lá, se deparou com uma rua cheia de lama, onde os números não eram seguidos, pulavam do 78 para o 305. Ficou triste e pensou em voltar, acreditando ter perdido seu tempo.

Mas, já que estava ali, decidiu procurar e acabou encontrando o endereço do cliente. Para completar a sua decepção, deu de cara com um galinheiro que ficava na frente da casa. Neste momento, teve a certeza de que havia perdido tempo e dinheiro. Aquele cliente jamais poderia adquirir um produto que era relativamente caro.

Decidiu tocar a campainha pelo menos para tomar um copo de água. Foi atendida pela mãe do rapaz, que chegou em seguida. Já que estava ali, apresentou a proposta e seus benefícios. Àquela altura da história, já não se importava muito se conseguiria bater sua meta.

Quem está na chuva precisa se molhar, literalmente. Uma vez que estava ali, resolveu fazer seu trabalho correto e foi surpreendida com a reação daquela mãe, que disse:

— Meu filho vai fazer sim o curso, pois nesse mundo a única coisa que carregamos com a gente é a sabedoria. Eu não tenho muito, mas o que posso fazer pro meu filho aprender e ser alguém nessa vida, eu faço.

DICA PRÁTICA:	Com esta história, a novata entendeu que, em vendas, não se pode julgar um livro por sua capa ou uma pessoa por sua aparência. O que você aprende com esta conclusão?

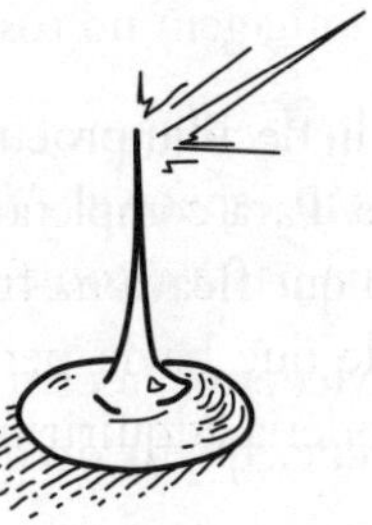

Pegadinha para o Vendedor Novato

No longínquo ano de 1992, Sebastiana foi contratada por uma rede hoteleira de origem francesa como promotora de vendas. Sua missão era visitar empresas que possuíam um bom tráfego de viagens de executivos.

No seu primeiro dia de trabalho, apresentou à gerência uma bela programação. Antes mesmo de começar a falar, a gerente vetou qualquer iniciativa e mandou que ela visitasse um determinado cliente, diretor de um banco de médio porte.

Ao chegar ao lugar, foi muito bem recebida pela secretária. Diferentemente de outras situações, ela esperou somente dois minutinhos.

E lá foi ela, rumo à sala do cliente. Toc-toc-toc. Abre a porta e se assusta ao avistar uma pessoa. Pensou em voz alta:

— Acho que estou na sala errada! Desculpe!

— *Oui, oui*, pode entrar! — responde a pessoa.

Tiana, como era conhecida, deu de cara com um senhor de cinquenta e poucos anos, com um vestido rosa-pink, argolas com pérolas nas orelhas e maquiagem no rosto.

Nossa promotora estava, digamos, em choque. Não sabia o que fazer. Por esta ela não esperava! Ainda assim, toda desconcertada, sentou, abriu sua pasta e começou a se apresentar.

— Sou Sebastiana Medeiros, recém-contratada. Vamos falar um pouco da minha rede, quero divulgar os produtos para o senhor ter conhecimento.

E continuou, meio rindo, meio gaguejando.

— O senhor me desculpa, eu não vou conseguir fazer a visita com o senhor assim. Não sei, é uma coisa estranha, o senhor está todo vestido de mulher. Posso voltar uma outra vez, outra hora, quando estiver mais preparada?

— Não, não, não! — disse o cliente.

— Senhor, hoje é meu primeiro dia, estou um pouco assustada. Acho melhor eu não fazer esta visita hoje. Vou deixar o material aqui, mas eu volto de verdade para falar com o senhor. Estou realmente sem graça! Nada contra as pessoas e suas opções de vida.

— Você já foi a Paris? — perguntou o cliente. — Lá é normal!

— Eu ainda não conheço Paris. Quando eu for a gente discute, mas agora eu preciso ir mesmo, ok, senhor? Com licença.

E se retirou.

O cliente, já um senhor maduro, usava blush, batom, meião de seda, sapatinho. Muito chique, mas muito estranho.

O que você faria se vivesse uma situação como a de Tiana? Qual seria a sua reação?

Ela foi correndo para o escritório. Ao contar o que aconteceu, descobriu que esta visita foi uma espécie de "batismo" e que todos os seus colegas passaram por isto. Mas o cliente é verdadeiro e é muito importante para o faturamento daquela rede hoteleira.

DICA PRÁTICA:	Inteligência Emocional em vendas está relacionada às habilidades de motivar a si mesmo e persistir mediante frustrações e situações inusitadas. É controlar impulsos e emoções e reagir apropriadamente diante de situações estranhas ao dia a dia. No popular, Inteligência Emocional em vendas é saber passar por obstáculos, dos mais difíceis aos mais exóticos. Estudar este assunto é um plus na carreira de todo profissional de vendas. Busque informações sobre este tema!

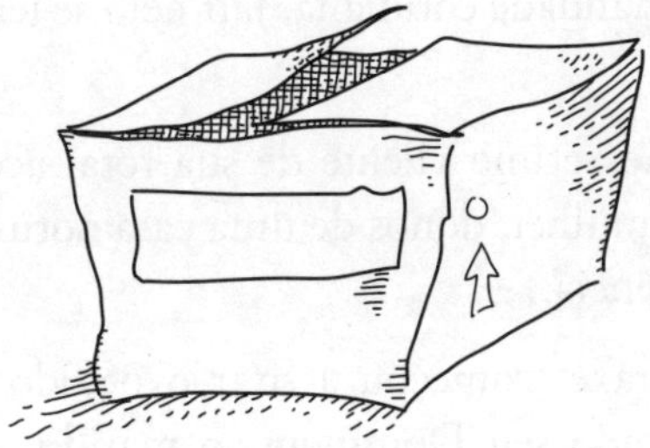

O Estoque!

Era uma terça-feira pós-feriado prolongado. E é na segunda-feira que Jair (campeão de vendas de uma distribuidora de alimentos) tem seu maior faturamento. Por isso, colocou o relógio para despertar às 5h30. Ele queria ir para rua mais cedo tentar compensar suas perdas e conseguir cumprir o roteiro dos dois dias.

Depois de um café preto puro e seu tradicional cigarrinho, se deparou com sua motocicleta, na garagem, com o pneu dianteiro furado. Para completar, o borracheiro mais próximo ficava a mais ou menos um quilômetro e meio de sua residência. Era a típica cena propulsora da desmotivação de um profissional de vendas.

Mas não tinha jeito: lá foi Jair empurrando sua moto rua afora. Levou mais ou menos 45 minutos para chegar ao borracheiro, que era daqueles que adoram jogar conversa fora. Até que ele começasse a trocar o pneu já havia se passado mais trinta minutos, e demorou mais quarenta para concluir o serviço. Jair entendia que tempo era dinheiro; não queria saber de besteiras e saiu correndo de lá para atender aos clientes.

Seis visitas positivas se passaram e seu trabalho já parecia ter entrado na normalidade cotidiana. Jair nem se lembrava mais do sufoco matinal.

Ao chegar ao sétimo cliente de sua rota, aconteceu o pior. Eram marido e mulher, donos de uma casa noturna, mas Jair os atendia na residência.

Como de praxe, começou a tirar o pedido com a esposa, Dona Flor, quando seu Domingos, o marido, começou a dar pitacos. Ele parecia estar com a "pá virada". Tudo indicava que eles estavam se desentendendo não só sobre o negócio, mas sobre a vida a dois.

De repente, começou a "chover" uma série de ataques com palavrões pesados entre o casal. Foram dez minutos de discussão e Jair assistiu a tudo aquilo mudo, parado, estático. Na verdade, ele não sabia o que fazer.

Quando a briga esfriou, Dona Flor disse:

— Jair, é melhor você ir embora. Não vou querer mais nada. Não quero saber mais de bar, de marido e nem de sua empresa.

Este foi um legítimo dia de pé esquerdo.

DICA PRÁTICA: Em atendimentos críticos, mantenha a calma e não tome partido de nenhum dos lados. O vendedor de sucesso precisa ser um consultor, mas não de assuntos amorosos. Em situações como a vivida por Jair, é recomendável nunca negociar. Ninguém faz um bom negócio em clima de guerra, brigas e discussões.

Confira outras 10 dicas importantes para uma negociação bem-sucedida:

1. Tenha o tempo a seu favor; ou melhor, não tenha pressa.
2. Concorde com superficialidades.
3. Faça o outro falar mais do que você.
4. Use sempre "nós"; nunca, "eu".
5. Nunca supervalorize a si mesmo, nem ao outro.
6. Se o local não for o adequado, não negocie, apenas converse.
7. Tenha percepção ativa registrando reações fisionômicas e físicas.
8. Olhe nos olhos.
9. Não seja um "Vendedor Faustão": nunca interrompa raciocínios.
10. Troque concessões; não seja o único a conceder.

A Melhor Venda do Lúcio

Dizem que para ser um bom vendedor é preciso ter sorte. Será? Como é a sorte? Ela existe mesmo? Só sorte basta?

Lúcio, escalado para atender a uma farmácia, foi conhecer a compradora. Estava apreensivo, pois nunca havia atendido a uma farmácia e não sabia nada a respeito da cliente.

Era próximo da Páscoa, precisamente uma quinta-feira, véspera de Sexta-Feira da Paixão, e, mesmo que ele fechasse um pedido, pequeno ou grande, a entrega só se daria na segunda-feira. Sua empresa não fazia entregas nos feriados.

A compradora era muito simpática e recebeu Lúcio de forma bem positiva. Deixou que o vendedor mostrasse todo o catálogo de sua distribuidora. Ao chegar à página de chocolates, fixou seu olhar na caixa de bombom Garoto e disse:

— Estou precisando muito de caixas deste produto, meu estoque está quase zerado e eu não posso, mesmo sendo uma farmácia, ficar sem bombons na Páscoa.

— Quantas caixas a senhora precisa? — perguntou o vendedor.

— Umas cinquenta caixas.

Lúcio logo se empolgou com o valor daquele pedido inicial. Ligou imediatamente para seu supervisor, por dois motivos: aumentar o limite de crédito para a cliente e garantir a entrega no sábado. Ele só conseguiria fechar aquele pedido se as caixas chegassem no sábado pela manhã.

O supervisor conseguiu aumentar o limite, mas, depois de uma intensa negociação com seus pares, informou a Lúcio que só conseguiria entregar no sábado se fosse uma carga fechada de R$ 18.500,00. Isso daria umas 115 caixas de bombom.

Lúcio sentiu. Foi como um balde de água fria, pois como poderia mandar mais do que o dobro da quantidade que o cliente queria?

Como todo grande vendedor, decidiu que não se curvaria diante daquela situação. Expôs o problema para a compradora e, com quase duas horas de conversa, a convenceu a efetuar o pedido de uma carga fechada de chocolate.

Foi uma Páscoa abençoada!

DICA PRÁTICA: Às vezes, a oportunidade está a nossa frente e não sabemos aproveitá-la. Cada dia de vendas é uma caixa de surpresas e o céu é o limite, principalmente quando um profissional treinado e motivado vai para a rua vender.

Lembre sempre que, em qualquer situação, o "não" você já tem. Ofereça!

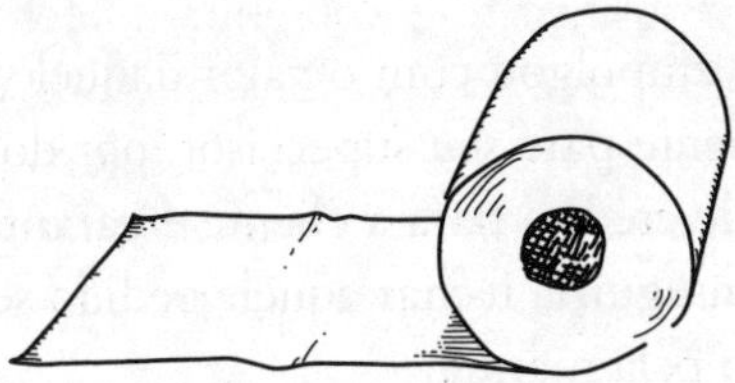

O Vendedor com R$ 3.194,88 em Papel Higiênico

Maurício atendia a um cliente que, devido a longo tempo de convívio, já era seu camarada.

Numa de suas visitas, fez um ótimo pedido. Entre os muitos itens, estava incluído papel higiênico de uma marca top de linha. O cliente pediu quatro fardos.

Nosso vendedor fez os cálculos (16 X 4 = 64) e digitou 64. O cliente recebeu 64 fardos de papel higiênico! Como no mundo das vendas o lema "amigos, amigos, negócios à parte" é imperativo, o cliente ligou desesperado e imediatamente para Maurício, que ficou atônito, sem saber o que fazer. Só pensava que teria que pagar a taxa de devolução imposta por seu atacado, que variava em aproximadamente 20% do valor devolvido.

O que você faria no lugar de Maurício?

Nosso herói resolveu ligar para seu supervisor e compartilhar o problema. Para sorte de Maurício, ele foi simplesmente genial: acatou a devolução abonando a taxa de devolução. Foi um alívio.

DICA PRÁTICA: Um supervisor precisa ser o solucionador dos problemas (o que é muito diferente de ser complacente). Se você for supervisor, entenda que a satisfação e o sucesso de sua equipe está diretamente ligada ao que você faz para mantê-la satisfeita, alinhada e motivada.

Esta é a diferença clássica entre um chefe e um líder: um chefe diz "vá!", o líder diz "vamos!". O verdadeiro líder de vendas compra a briga!

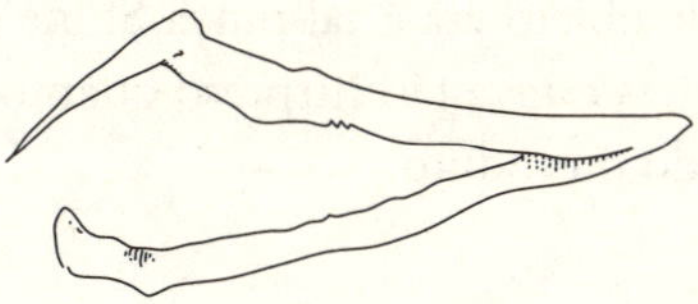

Uma Pinça Muito Estranha

Era mais um dia como outro qualquer: trânsito, clientes, pedidos, entregas, negociações.

Muricy chegou à empresa de um cliente e começou a fazer normalmente seu trabalho: cliente pedindo e ele digitando no sistema do Palm Top.

O cliente pediu pinça. Há um bom tempo ele tem pedido pinça e Muricy diz não ter. Nesse dia, resolveu procurar com calma e achou no sistema a pinça Shine com luz.

Pensou consigo mesmo:

"Vou mandar".

Na semana seguinte, no mesmo trajeto, chegou à empresa do cliente e começou a se preparar para tirar o pedido, depois daquele bom cafezinho como quebra-gelo. De repente, o cliente perguntou:

— O que é aquilo que você me mandou na última compra?

Como Muricy não se lembrava, pediu para ver do que se tratava. Teve muita dificuldade para abrir, era uma embalagem de segurança.

— Parece uma lanterna! — disse o cliente.

Depois do sufoco para abrir a embalagem, conseguiu desvendar que aquele objeto era a tal pinça Shine com luz. Muricy tentou explicar, mas estava tão surpreso quanto o cliente, o qual acabou devolvendo o produto.

DICA PRÁTICA: Como todo bom vendedor, Muricy fez do limão uma limonada. Ficou com uma amostra do produto na pasta de trabalho, que o fez gerar muitas outras vendas, pois aonde chegava com aquela estranha caixinha era uma surpresa. Os clientes achavam o máximo e compravam.

Mas afinal, que produto era aquele? Ficou curioso? A pinça Shine com luz é um produto utilizado por profissionais de depilação. É feita de aço, tem LED embutido que gera um foco preciso de luz, acompanhada de um estojo com espelho. Nenhuma relação com a tradicional pinça que todos nós temos em casa.

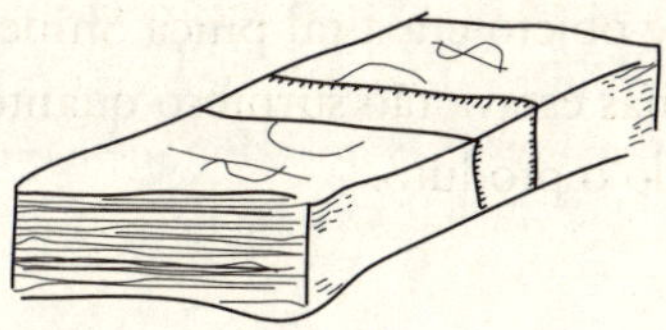

Preço É Fundamental, mas Não É Tudo

Nascimento é um experiente representante comercial autônomo, que nutre fortes relações de parceria com seus clientes. Por uma infelicidade do destino, se acidentou de moto.

Sua recuperação duraria quatro longos meses. Para a maioria dos outros representantes, isto representaria quatro meses sem qualquer capital entrando. Mas não para Nascimento.

Nesse período, mesmo com muitas dores e procedimentos hospitalares indesejáveis, decidiu que trabalharia em casa, por telefone e e-mail. E logo ele, que visitava sua carteira de clientes toda semana!

Foi aí que teve a certeza de que preço, prazo e entrega são fundamentais, mas não são tudo. De casa conseguiu, graças ao bom relacionamento que construiu com seus clientes, manter

70% de suas vendas. Somente por conta disso pôde honrar seus compromissos. Afinal, por um infortúnio, o dinheiro pode parar de entrar, mas as contas nunca param de chegar.

DICA PRÁTICA:

O bom profissional é aquele que constrói relacionamentos duradouros com seus clientes. É aquele que assessora o cliente e não empurra produtos. É aquele que visa o médio e o longo prazos, não o hoje. É aquele que ajuda o cliente a descobrir necessidades e a atingir seus objetivos.

Recentemente, um importante instituto de pesquisa perguntou a centenas de pessoas o que elas mais valorizam em uma relação de consumo. Confira as respostas:

7º lugar: A propaganda e a promoção da empresa;

6º lugar: As garantias que geram confiança;

5º lugar: O preço;

4º lugar: O produto que ninguém tem;

3º lugar: O ponto ou o processo de vendas organizado e diferente;

2º lugar: A entrega diferenciada dos produtos e serviços;

1º lugar: O atendimento ou a melhor equipe de atendimento.

E por que os clientes deixam de comprar de você ou não voltam a comprar de sua empresa? Muito simples:

15 % mudam porque encontraram um produto melhor;

15 % mudam porque encontraram um produto mais barato;

21 % não retornam por causa da falta de contato e da atenção pessoal do vendedor/empresa;

49 % porque a atenção recebida era de baixa qualidade.

Com toda certeza, independentemente do seu ramo ou área, relacionamento e atendimento são tudo.

Em outra linha de raciocínio, o bom profissional tem segurança de vida. Faz seguro de vida e previdência privada. Controla o que gasta, sabe para onde seu suado dinheiro está indo. Não conta com a sorte. Por isso, vive e trabalha mais tranquilo. É o oposto da antiga imagem do vendedor (aquele que "vende o almoço para pagar a janta"), que vive enrolado com a burocracia e pendurado nas contas.

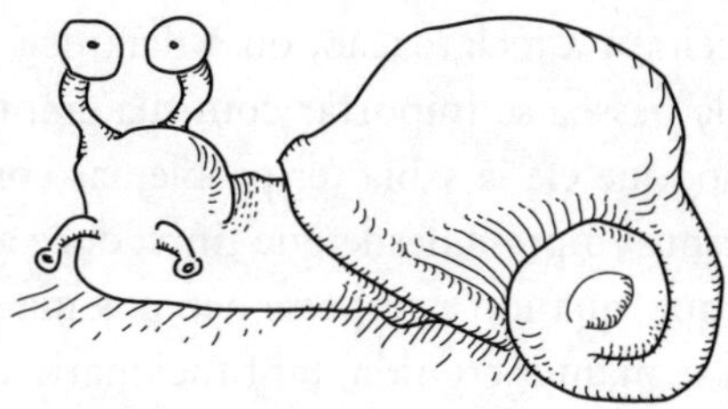

Nem Tudo É tão Ruim Quanto Parece

Aconteceu em um dia muito ruim. Corrêa havia visitado dois clientes que considerava como os piores, pois eram inflexíveis e bastante ríspidos. Sempre que precisava visitar estes clientes se sentia desanimado, e isto se agravava com o baixo volume de vendas. Por questões de logística, iniciava o dia atendendo a estes clientes e, por conta disto, na hora do almoço já se sentia derrotado.

Ainda assim, era fundamental cumprir com o planejado para aquele dia, mesmo com o sincero desejo de ir para casa e esperar o dia acabar. Continuou. Se arrastando, mas continuou.

Mesmo com toda a falta de expectativa, foi atender a um cliente. Conversa vai, conversa vem, o telefone do cliente tocou. Era uma cliente de seu cliente. A pessoa contava que havia sido atendida por um de seus vendedores e que, já há algum tempo, esse vendedor estava sempre muito bêbado. Por isso estava fazendo uma reclamação ou denúncia — e ela preferia este último nome — para que alguma providência fosse tomada ou, antes de mais nada, para que fosse dada ciência sobre a situação.

Com bastante tato e educação, o cliente do Corrêa respondeu dizendo que aceitava a reclamação, ou a denúncia, e que estava grato por aquela pessoa se importar com sua empresa. Mas que esse funcionário, que ele já sabia ter problemas com álcool, trabalha nesta mesma empresa desde que tinha doze anos de idade. Disse também que, quando a empresa não possuía vida própria e nem conseguia se manter erguida, tal funcionário deu sua vida e sua saúde por ela, portanto, o que ele poderia fazer naquele momento era estar junto de seu funcionário e oferecer ajuda.

O cliente do Corrêa ajudou este funcionário praticamente a vida inteira. E continuou ao telefone: afirmava não se tratar de dívida de gratidão, mas seu lado humano o impedia de tomar qualquer atitude que pudesse, porventura, modificar drasticamente para pior a vida de seu funcionário tão prezado. Ele acreditava que uma demissão ou corte de área pudesse prejudicar ainda mais a vida daquela pessoa.

Por fim, agradeceu a preocupação, se comprometeu em conversar com seu funcionário e desligou.

DICA PRÁTICA:	Corrêa aprendeu com esta história que sempre haverá alguma coisa no dia pela qual possa sentir gratidão. Ter preconceito — principalmente em relação aos clientes — é algo que não pode fazer parte da vida de um profissional de vendas. Falas como "esse cliente não tem potencial" e "esse cliente é um chato" não devem existir no vocabulário de um vendedor. Preconceito não está com nada.

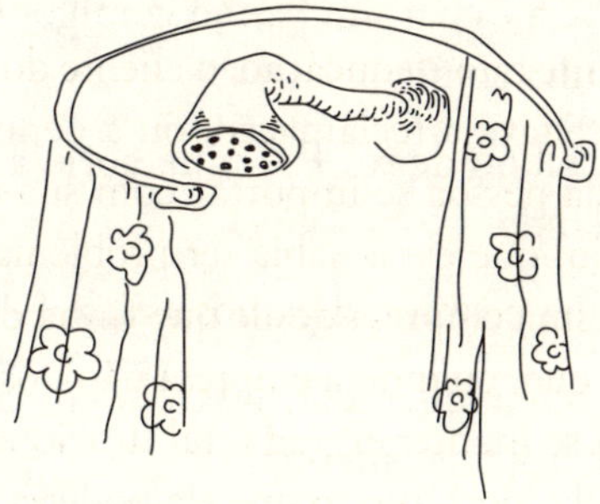

Quer Tomar um Banho Comigo?

A situação foi real e aconteceu com dois irmãos que trabalham juntos, representando empresas. Na verdade, são legítimos representantes comerciais.

Depois de muita batalha e perseverança, conseguiram finalmente ser atendidos por uma cliente que relutava bastante em recebê-los, mas que era extremamente potencial e, também, muito bonita.

A cliente estava muito resistente, a ponto de falar a frase mais temida por muitos vendedores:

— Resume, por favor!

É a velha tática para despachar vendedores da maneira mais rápida possível!

Então veio o insight! Tentando minimizar a rejeição, um dos irmãos a convidou para um café da manhã na sede da empresa que representava. E, sem pestanejar, deixou escapar:

— Você deseja tomar um banho comigo? Quer dizer, tomar um café da manhã comigo?

A cliente desabou de rir. E, assim, abriu a guarda — profissionalmente falando.

Foi uma falha positiva, digamos assim.

Nossos representantes conversaram, passaram o recado e confirmaram a visita na empresa.

DICA PRÁTICA:

Deslizes nos discursos, às vezes, acontecem. Nosso trabalho, como vendedores, deve ser sempre minimizá-los, pedir desculpas e seguir em frente.

Em vendas, precisamos fazer como os grandes atletas: estar preparados e concentrados sempre. A maioria dos deslizes acontece quando estamos desatentos, raciocinando sobre tópicos que não fazem parte do escopo da negociação.

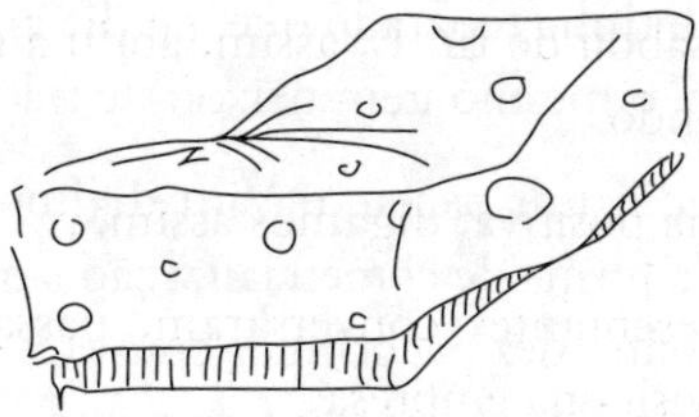

O Caso das Esponjas Scotch Brite

Depois de quarenta e cinco dias de treinamento, Vinícius estava pronto para sair a campo. Seus primeiros trinta dias trabalhando sozinho foram, praticamente, de reconhecimento da área: fez amizades, calculou tempo de deslocamento e registrou detalhes sobre seus clientes.

Numa bela segunda-feira, Vini, como era chamado por seus amigos, estava cedinho em Massambará, distrito rural de Vassouras, interior do Rio de Janeiro. Estava todo prosa, confiante, esperando um cliente que normalmente atendia às 13h. Mas, para mudar um pouco sua rotina, Vini decidiu chegar mais cedo, às 8h. Não era só o primeiro dia da semana, mas também do mês.

Tudo indicava que aquela semana seria promissora, e foi mesmo. Na verdade, foi excelente.

Depois de solicitar vários itens, o cliente pediu um pacote de esponja Scotch Brite L3 e P2, pacote econômico, produto que era vendido fracionado.

Mas Vini não tinha reparado que, no dia anterior, no sistema de seu Palm Top, o mesmo item deixou de fracionar.

O cliente pediu um pacote e Vini digitou 1. Mas, como a empresa mudou a forma de comercialização, ao digitar um pacote, que deveria conter dez pacotinhos com três esponjas cada, foi expedida uma caixa mãe, que contém trinta e seis pacotes com dez pacotinhos cada. Ou seja, o cliente queria doze pacotinhos e, na verdade, chegaram trezentos e sessenta pacotinhos com três esponjas!

Por sorte, o cliente estava numa boa terça-feira e, depois de uma bronca de quase trinta minutos pelo telefone, disse para Vini:

— Fique tranquilo. Eu sei que você está começando e não vou fazer devolução deste produto, mas fique sabendo que essa vai ser sua escola. Que isso não se repita, porque, da próxima vez, você não terá essa sorte!

DICA PRÁTICA:	Vinícius trabalhou um ano e cinco meses nesta área e, durante todo o tempo, sempre se lembrava desta história. Para ele foi realmente uma escola. Não que ele nunca mais tenha errado, mas, com certeza, passou a conferir todos os pedidos antes de transmitir.

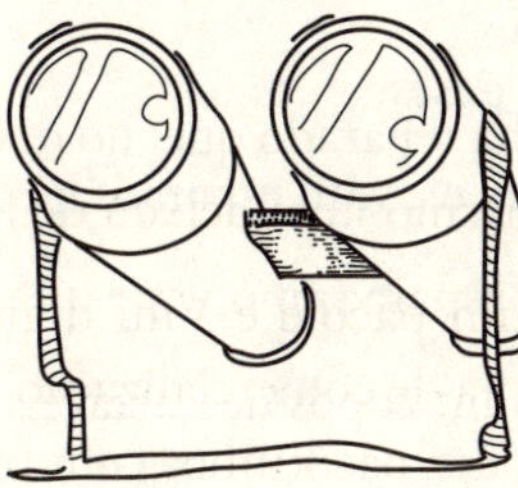

Observar Possibilidades Onde Ninguém Vê (ou Não Quer Ver)

Carlinhos, um representante comercial "boa-praça", trabalhava em um atacadista de Uberlândia, Minas Gerais. Por conta de uma estratégia da companhia, sua área foi dividia em quatro pequenas partes, com o remanejamento de diversos clientes para outro representante. E a gerência, como não poderia deixar de ser, determinou que ele abrisse novos clientes.

Atente para a peculiaridade: seu pedacinho de setor tinha sete pequenas farmácias que ele já atendia; quatro pequenas padarias que ele também já atendia; uma papelaria de grande porte, que era seu melhor cliente; e uma funerária, que ele ainda não atendia. Por ser uma cidade de interior, o povo dizia que os mortos eram preparados pelos "papa-defuntos", como eram chamados.

O que ele teria para cadastrar? A funerária, é claro.

"Mas o que vender para a funerária?", pensou Carlinhos. Como um grande vendedor que era, criou coragem (morria de medo de "coisas do outro mundo") e foi conversar com os "papa-defuntos". Na conversa, descobriu que eles usavam gases nos mortos.

Carlinhos vendia gases.

Descobriu que eles usavam esparadrapo.

Carlinhos vendia esparadrapo.

Reparou que usavam copos descartáveis para água e café.

Carlinhos vendia.

Porém, mesmo que ele vendesse isso tudo para a funerária, o pedido seria muito pequeno e, provavelmente, não atingiria o teto mínimo de acordo com a política comercial de sua empresa.

Continuou em sua atividade de pesquisa e descobriu algo no mínimo interessante, por assim dizer. Os "papa-defuntos" usavam uma média de doze tubinhos de Super Bonder por dia. Curioso, perguntou qual a utilização da cola, embora, após a revelação, preferia não ter tomado conhecimento. O produto era usado em todos os orifícios.

Carlinhos cadastrou a funerária, que logo passou a ser um "clientão", considerando o tamanho de sua área. O cálculo é básico: 12 tubinhos vezes 30 dias.

No seu atacado, era considerado um doido por seus colegas. "Imagina! Vender para funerária?", diziam.

Mas foi pioneiro. Visionário. Outros colegas passaram a atender a funerárias também. Mas muitos ainda passam do outro lado da rua.

DICA PRÁTICA:	É muito interessante! Geralmente, nós, vendedores, só observamos oportunidades quando estamos com a corda no pescoço. Olhe ao seu redor. Há um manancial de oportunidades aí do seu lado, na sua frente. As mudanças vão acontecer sempre, em todo e qualquer segmento ou ramo de atuação. Cabe a nós, profissionais de vendas, acompanhar essas mudanças, criar, pensar positivo e "cair para dentro". Em vez de se lamentar, pense o que ninguém pensou. Vá aonde ninguém quer ir. As melhores oportunidades estarão sempre disponíveis a quem quer enxergá-las.

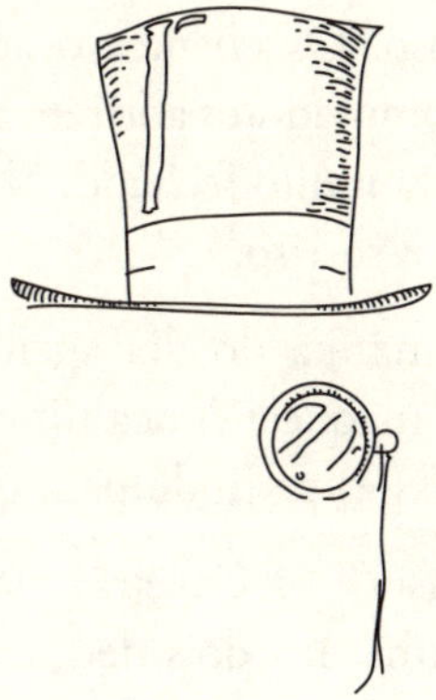

O Vendedor Gentleman

Essa foi demais! O dono de uma rede de supermercados era, até esse dia, considerado muito estranho por Abreu, o representante que o atendia.

Com muito custo, Abreu conseguiu convencê-lo a conhecer as dependências de sua distribuidora, iniciativa que faz parte de um projeto inovador chamado de "Visita de Clientes". Trata-se de uma estratégia decisiva para estreitar relacionamentos e ampliar os laços de cordialidade entre as partes.

Abreu até se ofereceu para buscar o empresário em sua mansão, um apartamento de alto luxo na parte mais valorizada da cidade. Mas o cliente disse que não era preciso, não havia necessidade.

Na época, Abreu tinha um Monza preto, chamado por todos de "caveirão". O carro estava todo podre, com papel até no pedal. O único banco limpo era o do motorista, os vidros não abriam e, nesse dia, fazia mais ou menos trinta e quatro graus. A única janelinha que abria era o quebra-vento do condutor.

O carro era famoso. Os clientes o adoravam, o que fazia Abreu ser popular, e compradores abrirem a guarda. Não o cliente desta história, que era muito fechado. Nada nem ninguém era capaz de fazê-lo dar um sorriso.

Às sete horas da manhã do dia agendado para a visita, o cliente "bipou" Abreu (naquela época ninguém tinha celular, só Bip. Você se lembra disso?) pedindo para que o apanhasse.

Olha só a "saia justa"! O Caveirão não via água há muito tempo. Só por fora tinha uns dois dedos de poeira, através das janelas não se via nada. Fora o estado do carro. Mas não havia jeito. Abreu foi até o cliente.

Ao chegar, Abreu recepcionou seu cliente, que estava com uma blusa social de seda e uma calça preta, todo perfumado e asseado. Ao ver o estado do Caveirão, muito discretamente, deu um sorriso amarelo e ainda tentou dar uma força:

— Poxa, esses carros da Chevrolet são muitos inteiros, né?

Abreu teve que concordar. Falar o quê?

Com muito custo conseguiu abrir a porta do carona. Como nunca a abria, deu de cara com uma tremenda barata criada. De acordo com testemunhas, o cliente surtou.

Entrou no carro, sentou sem encostar, e "quase como um gentleman", Abreu bateu a porta, mas com tanta força que fez subir uma enorme nuvem de poeira. Se não fosse assim, ela não teria se fechado.

Finalmente, Abreu entrou no carro, mas cadê que ele pegava? Fazia um calor do cão. Seu cliente esvaía-se em suor. Na mesma hora, pediu que um pedestre o ajudasse a empurrar. Depois de uns cinco minutos de tranco, finalmente o carro pegou. E fala o cliente:

— É... esse carrinho tá inteirinho, né?!

Passado o susto, foram batendo um papo bem legal. Ao chegar ao destino, Abreu desceu do carro empolgado e, ao avistar alguns clientes e colegas, correu ao encontro deles. Mas de tão distraído, esqueceu do homem que, já no desespero, deu várias "ombradas" na porta para abrir — ela só abria por fora. Mais um pouco poderia ter um treco, asfixiado.

De súbito, Abreu lembrou-se do cliente e correu para abrir a porta. Foram muitas risadas, dos dois lados e de toda a plateia que se formou.

Incrivelmente, depois de toda esta tormenta, o cliente passou a enxergar Abreu como um amigo e triplicou seus pedidos.

DICA PRÁTICA: São preceitos básicos da atividade de vendas:

- Ser humilde, sem ser submisso.
- Ser alegre e transparente.
- Ser flexível e "pau para toda obra".

E também limpo, asseado e bem-vestido. Não precisa andar todo perfumado. Mas não dá para trabalhar cheirando mal, a suor e a cigarro. Cuide de sua aparência, de seu carro, de sua pasta. Cuide de seu marketing pessoal.

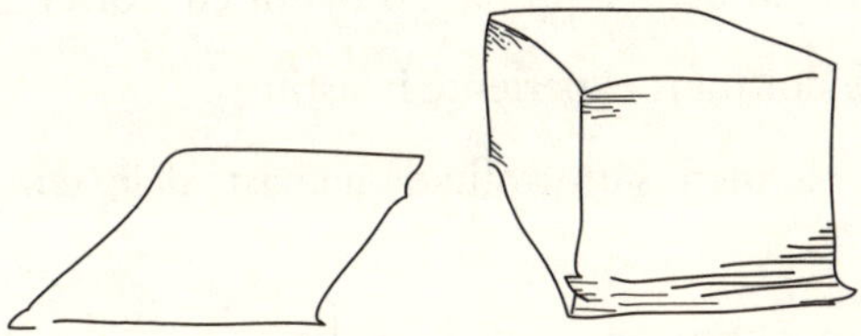

Por Essa Ele Não Esperava

Elmo trabalhava em uma torrefação de café havia cinco anos. Sua carteira era assinada como vendedor externo. Em seu segundo dia de trabalho, preparando-se para sair a campo, recebeu a notícia de que sua pasta seria dividida em duas. A mais fraca de vendas ficaria com ele. Sua linha de produtos tinha uma condição comercial fora da realidade, com preços acima da concorrência. O "filé" ficou com um vendedor mais antigo. Pelo menos no início eles teriam que trabalhar juntos.

Seu colega ficou encarregado de apresentar Elmo aos clientes.

De cara, foram ao maior cliente daquela rota. Depois de meia hora aguardando para serem atendidos, entraram na sala do proprietário, que também exercia a função de comprador. O cliente, surpreso com a presença de Elmo, perguntou ao vendedor antigo:

— É esse aí o seu novo supervisor?

O colega respondeu:

— Não, esse é o cara que eu falei pra você, que viria te atender com a outra pasta. A partir de agora, nós dois vamos te atender.

Então o comprador respondeu:

— Mas esta outra pasta eu só compro com o Naldo Atacadista (nome fictício dado aqui para o maior concorrente de Elmo).

O vendedor mais experiente insistiu:

— Dê pelo menos uma olhada na pasta dele, tem muita coisa boa.

— Então vamos ver — disse o cliente.

O cliente olhou detalhadamente todo o catálogo e perguntou ao novato:

— Quanto custa seu produto tal, com preço de hoje?

Elmo respondeu na hora, com os preços já na cabeça.

O cliente afirmou com uma certa dose de ironia:

— Está perdendo para o Naldo Atacadista.

Pediu preço de mais uns cinco itens. Elmo perdeu todos para o tal do Naldo.

O cliente pegou o catálogo, fechou com violência e, percebendo pelo sotaque que Elmo era interiorano, perguntou:

— Você é de onde mesmo?

— Sou de São Fidélis (interior do Rio de Janeiro). Conhece?

O cliente pegou a pasta, encheu o peito e disse:

— Então volta pra lá, porque aqui você vai passar fome.

Elmo emudeceu. Engoliu o choro, um misto de medo, raiva e decepção. Mas continuou quieto, sentado na cadeira ao lado, enquanto o cliente fazia um belo pedido com seu colega.

Por uns vinte minutos foi ignorado, como se nem estivesse ali.

Quando o cliente terminou com o outro vendedor, pediu desculpas dizendo para Elmo não levar a mal, porque ele era assim mesmo. E foi se despedindo.

Elmo tomou coragem e emendou:

— Assim não valeu, você só bateu nas minhas feridas.

— Como assim? — perguntou o cliente.

Elmo respondeu dando preços de três produtos importantes que o cliente não havia perguntado.

O cliente pediu para Elmo repetir os preços e acabou fazendo o melhor pedido para aquela semana. Pedido melhor do que aquele que fez com o colega mais experiente.

Elmo passou a atender este cliente todas as semanas durante seis longos anos, sempre com grandes negócios. Nutriu uma grande amizade, com respeito e admiração. Conta que muito do que sabe hoje, deve a este cliente.

DICA PRÁTICA:

Coragem, de acordo com o dicionário, vem do francês *courage*. E quer dizer:

1. Firmeza de ânimo ante o perigo, os reveses, os sofrimentos.

2. Fig. Constância, perseverança (com que se prossegue no que é difícil de conseguir).

Elmo tinha duas opções: recuar ou partir para o ataque.

Não se contente com o não. Quando receber um, tente descobrir os reais motivos que levaram o cliente a não fechar com você. Em muitos casos, é possível reverter a situação. Ou pelo menos você saberá, de fato, o que o impediu de fechar um bom negócio.

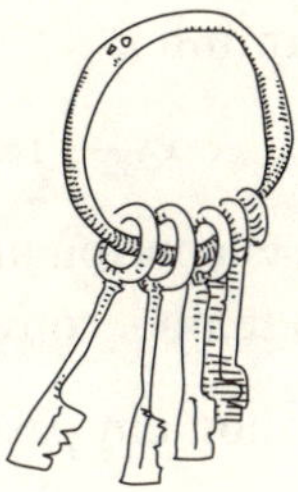

A Zeladora

César trabalha fazendo visitas a clientes, e procura sempre levar as melhores oportunidades. É um otimista inveterado e um profissional estudioso. Devora livros, jornais e revistas. Participa de cursos, palestras e congressos.

Um grande cliente de sua carteira se localiza na Zona Norte de uma cidade, próximo a uma área bem barra pesada.

— Pra visitar este cliente tem que ser macho! — garante César.

Numa manhã fria de inverno, César foi visitar a secretária da diretoria do importante cliente. A visita estava agendada há 60 dias e não poderia ser cancelada.

Ao chegar à recepção, pediu para ser anunciado. Foi avisado pelo porteiro que deveria pegar um carrinho elétrico, como os que vemos em campos de golfe, pois o prédio administrativo era muito longe.

Entregou sua identidade para o rapaz, que preencheu um formulário no computador. Aguardou um pouco pela autorização da cliente.

— Posso ir caminhando?

— O senhor sabe o caminho?

— Já estive aqui outras vezes — respondeu.

No meio do caminho, encontrou um colega da concorrência. Como não o via há muito tempo, conversou um pouco.

Ao se despedir, caminhou em passadas rápidas, pois estava com o horário estourado.

Fez a visita, tudo ok. Voltou pelo mesmo caminho, da mesma forma.

Lá na frente, avistou uma senhora idosa acenando com reprovação.

— Será que é comigo? — perguntou-se.

Ao se aproximar, a senhora o interpelou com um tom de voz muito ríspido:

— Ei, você. O que está fazendo aí?

— Eu?

— Você mesmo!

— O que foi que eu fiz?

— Você acabou de quebrar o código de segurança da empresa.

— O quê? Como? — respondeu atônito.

— Você correu dentro da empresa!

— Eu? Não corri, não!

— Tenho certeza que era você, está tudo gravado. Me acompanhe.

A senhora pegou César pelo braço, levou-o até a recepção e falou para o segurança:

— Olha, esse rapaz acabou de quebrar o código de segurança da empresa. Vou fazer a ocorrência e isso vai ser comunicado à diretoria. Quero saber quem deixou ele ir caminhando sem usar o carrinho? Ele estava correndo!

Desesperado, César respondeu:

— O carrinho não estava aqui, eu sabia o caminho.

— A partir de hoje, este rapaz só entra na empresa se for de carrinho. Já falei para vocês que ninguém pode ir andando — disse a senhora para o segurança.

César foi embora muito preocupado. Quando chegou ao escritório, ligou para sua cliente pedindo um novo agendamento para explicar o que aconteceu. E foi atendido.

Retornando à empresa, o porteiro disse que ele só poderia entrar de carrinho. Estava registrado no sistema!

— César, estamos sabendo de tudo — disse a cliente. Não se preocupe. Essa senhora já tem quarenta e três anos de empresa e é um pouco exagerada. Está tudo bem.

Toda vez que César visita a empresa, o porteiro fala:

— O senhor tem que aguardar o carrinho. O senhor só pode ir de carrinho.

DICA PRÁTICA:	Toda empresa tem suas peculiaridades. Não quebre as regras!

O Assalto

Cissa estava a caminho de casa após mais um dia cansativo de trabalho. Não esperava nada além de tomar um bom banho e de relaxar.

Seu celular tocou. Era uma cliente querendo ser atendida. Claro que, como boa vendedora, voltou imediatamente.

Ao terminar todo o atendimento, agradeceu, subiu na sua motocicleta e tocou para casa. Na metade do caminho, sentiu uma vontade súbita de ir ao banheiro. Avistou uma padaria, encostou sua moto, mas ficou com vergonha de pedir para usar o banheiro.

Resolveu então comprar uma garrafa de água mineral para disfarçar. Na sequência, perguntou se podia usar o banheiro. A atendente gentilmente emprestou a chave.

Entrou no recinto, estava tudo muito bem até que ouviu o barulho das portas de aço da padaria se fechando. No exato momento em que ia gritar para dizer que estava lá dentro, ouviu o seguinte diálogo:

— Todo mundo no chão agora! Passa a grana ou vou atirar!

Cissa entrou em desespero imaginando o que poderia fazer para sair dali.

Olhou para os lados e viu que a única saída era uma pequena janela. Tentou passar por ela, mas era pequena demais. Recuou, e o diálogo continuou lá fora:

— Tem alguém no banheiro! A luz está acesa! Eu vou até lá pra ver quem é!

A atendente da padaria, sabendo que a vendedora estava no banheiro, insistia em dizer ao assaltante que não havia ninguém lá dentro.

Cissa ficou mais desesperada ainda: "Preciso sair daqui!" — pensou.

Quando se deu conta, já tinha passado pela janelinha. Caiu feio em um terreno baldio, sujou-se toda de areia e de lama, mas correu para a motocicleta. Pegou a reta de casa, sem sequer lembrar de ligar para a polícia ou parar na delegacia (que havia no caminho) para pedir socorro.

DICA PRÁTICA: Nunca deixe de atender a um cliente, mesmo que, no fim da história, você se torne suspeito de um assalto.

Até hoje, Cissa não tem coragem de voltar a essa padaria. Fica imaginando se as pessoas de lá não pensam que foi cúmplice dos assaltantes.

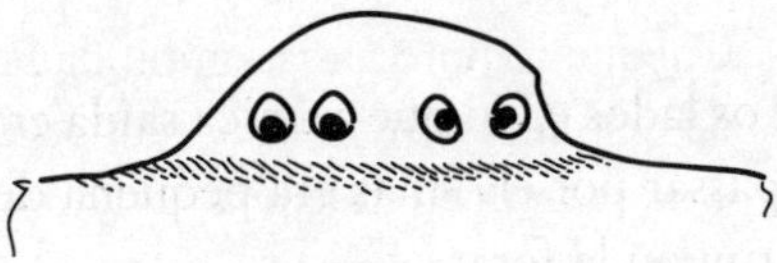

Que Desagradável!

O cliente chegou à imobiliária e foi atendido pelo corretor Cauby que, prontamente, fez a busca do imóvel segundo o perfil do futuro comprador: imóvel de dois quartos com uma suíte, varanda gourmet (com churrasqueira), duas vagas, área completa de lazer, na Zona Sul da cidade, até no máximo R$ 480.000,00.

O consultor fez a seleção dos imóveis no sistema da empresa juntamente com o cliente e, por meio das fotos existentes, escolheu um belo imóvel para visitar. A chave estava disponível na loja.

Na portaria, se apresentaram com o crachá de sua empresa, que era respeitada em toda região. Por conta disso, o porteiro autorizou a entrada dos dois.

Chegando ao apartamento, abriram a porta e, para surpresa de todos, encontraram um casal praticando sexo em plena sala.

O imóvel já tinha sido vendido sem que o proprietário, comunicasse a venda à empresa. O corretor que captou o imóvel também não acompanhou o processo e pecou por isso.

Constrangidos, corretor, cliente e casal não sabiam onde enfiar a cara. Foi, no mínimo, muito desagradável.

DICA PRÁTICA: Cheque sempre a disponibilidade e a viabilidade de seu produto. Você economiza tempo, seu e de seu cliente, além de evitar situações constrangedoras.

Peque pelo excesso de verificação. É um pecado mais light do que nunca checar nada, seja no varejo, na indústria, na corretagem ou em qualquer outro lugar.

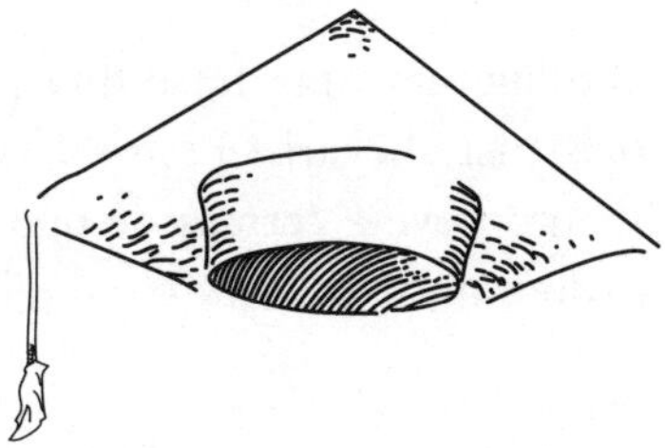

Vendas: Uma Escola que Não Tem Fim

Oliveira veio de uma família muito humilde. Ele e seus irmãos não tinham qualquer pretensão de melhoria de vida. Cresceram sem desejos e tinham uma visão muito pequena das coisas.

Sempre foi o mais desprendido e aventureiro: saiu cedo de casa e foi batalhar pela vida. Trabalhou como servente de obra, frentista, ajudante de mudança.

Não demorou muito e teve seu primeiro contato com o mundo das vendas. Ele conta que essa oportunidade mudou sua vida.

Topou trabalhar em uma empresa pequena, mas que lhe mostrou que, com esforço pessoal, poderia chegar mais longe.

Oliveira era acostumado a viver em um mundo de salário mínimo. "O salário só aumenta quando o nosso presidente quer", pensava.

Qual não foi sua surpresa quando, do segundo para o terceiro mês de trabalho, seu salário dobrou. Ainda não era muito, mas fez com que enxergasse verdadeiras oportunidades.

A vida mudou, a mente ampliou, e percebeu que nasceu para ser vendedor!

Oliveira jamais esquecerá uma frase dita por seu primeiro gerente: "Aonde você quer chegar? O seu salário é o seu trabalho." Naquele momento, teve a certeza de que estava entrando na melhor profissão do mundo, em que o seu esforço nunca seria em vão!

Oliveira ainda é muito jovem, tem 29 anos, e está convicto de que a melhor coisa que aconteceu em sua vida foi ter se tornado um vendedor. Diferente de muitas pessoas, ele quer sempre aprender mais e mais.

DICA PRÁTICA: A profissão de vendas é uma escola que não tem fim. Ela tem muito a nos ensinar. Como bons vendedores, precisamos devorar cada lição. Aproveite cada oportunidade de treinamento que sua empresa proporcionar. Faça cursos por iniciativa própria. Leia mais. Estude mais. Conhecimento não ocupa espaço. Invista no seu bem mais valioso: sua formação profissional.

Os Sonhos Nunca Terminam

Eliza cresceu como uma menina sonhadora. Morava em um pequeno sítio na área rural da cidade e sonhava com uma vida bem diferente daquela que ela conhecia.

Nossa vendedora, na infância e na adolescência, era muito só, mas tinha as estrelas como amigas e elas sempre respondiam suas incertezas. Tinha sonhos que, para muitas crianças, eram bobagens, como brincar na rua à noite. Quem mora nesses lugares tem que conviver com a escuridão e se recolher ao entardecer.

Com o passar dos anos, Eliza foi transformando seus pequenos sonhos em realidade. Seu pai sempre conta esta história.

Quando pequena, Eliza perdeu, no caminho da escola, a tampa de sua caneta. Seu pai fez com que ela voltasse todo o trajeto para encontrar a tampa. Tinha a certeza de que sua filha não desistiria fácil de suas metas. Era um teste.

Eliza se transformou em uma excelente vendedora, sem medos. Podemos dizer que ela é uma verdadeira campeã, pois transformou seus sonhos em realidades. Quando surge uma adversidade ela volta a sonhar, na certeza de que, para tudo na vida, há um jeito, uma saída.

Eliza acredita que, para sermos felizes, não precisamos de grandes realizações, mas de valorizar as pequenas coisas que a vida nos oferece, como o sorriso de uma criança, o abraço de um amigo, a declaração de amor de sua família e, claro, a preferência de um cliente. Para ela, este é o caminho para o sucesso.

DICA PRÁTICA:

Ingredientes indispensáveis para uma carreira bem-sucedida: sonhar, acreditar, nunca desistir. Reconheça (ou agradeça) tudo que você já conquistou até aqui. Problemas vão continuar existindo, e não há quem não os tenha.

Pare por alguns minutos e relacione todas as metas que você já atingiu ao longo de sua vida profissional. Esse é um trabalho fundamental — refaça sempre que se sentir desanimado com as bordoadas que a vida insiste em lhe dar.

Mas lembre-se, por fim, que nem só de sonhos vive o homem. Sonhar sem executar é o grande erro dos sonhadores.

Uma História de Sucesso

Claudão trabalhava com um frigorífico de médio porte. Era sua primeira experiência formal com vendas.

Mas a empresa não andava bem e a maioria dos funcionários haviam sido dispensados. Assim, além de fazer a venda, Claudão precisou entregar os produtos que vendia. Como gostava muito da empresa, da área e do trabalho que desenvolvia, aceitou o desafio como uma oportunidade e não como um fardo, mesmo não sendo remunerado para isso.

Ele entendia que o frigorífico não era só seu empregador, e que poderia contribuir para que a empresa retomasse sua posição de destaque perante os clientes e a concorrência, ainda que vagarosamente.

Na época, um grande amigo, representante de uma granja, se acidentou, quebrou a clavícula e pediu sua ajuda. Já que vendiam produtos diferentes — as pastas não conflitavam — e possuíam clientes similares, resolveram trabalhar no carro do Claudão.

E lá foram nossos heróis. A tabela de Claudão era pequena, mas a do amigo era muito grande e, por isso, havia uma quantidade de clientes do amigo que ele não conseguia atender como deveria. Depois de diversas conversas, entraram em um acordo: Claudão atenderia alguns clientes para o colega e dividiriam a comissão.

DICA PRÁTICA:

No passado, o companheirismo entre profissionais de vendas era mais visível.

Enquanto não zelarmos pela ética e pelo respeito para com colegas, parceiros, clientes e concorrência, não teremos a tão sonhada valorização da profissão.

Seja profissional! Não passe a perna na concorrência. Mas ganhe com moral. Prove ao cliente que você é melhor e pronto!

Em vendas, o lema deve sempre ser "não omitir e nunca mentir".

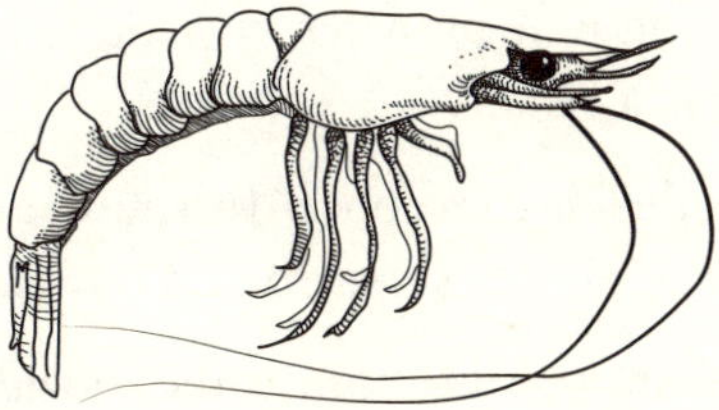

A Fábula do Camarão

O Camarão acordou otimista e disse para si mesmo: "Vou viajar pelos sete mares em busca da minha fortuna". Dessa forma, pegou sete moedas de ouro e partiu.

Logo no início da jornada, encontrou com a Ostra, que, vendo seu otimismo, perguntou:

— Aonde vai, Camarão, com tanta pressa?

— Vou em busca de minha fortuna.

A Ostra então propôs ao Camarão:

— Vendo para você, por três moedas de ouro, esta prancha. Sua velocidade aumentará em cinco vezes.

Sendo assim, o Camarão, montado em sua prancha, saiu em alta velocidade pelos mares.

Logo em seguida, encontrou a Moreia que, sentindo a euforia do Camarão, indagou:

— Tenho essas nadadeiras de silicone que podem aumentar em dez vezes sua velocidade e, por duas moedas de ouro, posso vendê-las.

O Camarão sentou na prancha, colocou as nadadeiras e saiu em velocidade nunca vista.

Mais adiante, deu de cara com o Tubarão e a sua grande boca cheia de dentes afiados, que sussurrou no ouvido do Camarão:

— Aonde vai, amiguinho, com tanta velocidade?

O Camarão, agora entusiasmado:

— Ah! Vou em busca de minha fortuna.

O Tubarão oportunista, vendo o entusiasmo do Camarão, oferece uma oportunidade única.

— Por duas moedas de ouro, mostro-lhe um atalho.

E o tubarão, abrindo a bocarra, apontou para o túnel e o Camarão saiu zunindo para dentro da boca. Nunca mais foi visto.

DICA PRÁTICA:	Se você tem um sonho, melhor traçar estratégias com objetivos específicos e imediatos. Isto é, não basta só o entusiasmo, você tem que se preparar para vender. Em última análise, desenvolver estratégias, conhecer o perfil do comprador, o produto que vende, a situação do mercado e outros fatores que influenciam o seu negócio. Assim, certamente você caminhará para o sucesso. De outra forma, possivelmente a boca do tubarão será o seu atalho.

O Fax do Nirso

Um gerente de vendas recebeu o seguinte fax de um dos seus novos vendedores:

"Seo gomis, o criente de belzonte pidiu mais cuatrucenta pessa.

Faz favor tomá as providenssa.

Abrasso, Nirso."

Aproximadamente uma hora depois, recebeu outro:

"Seo gomis, os relatório di venda vai xegá atrazado proque tô fexando umas venda. Temo que manda treis mil pessa. Amanhã tô xegando.

Abrasso, Nirso."

No dia seguinte:

"Seo gomis, num xeguei pucausa de que vendi mais deis mil em beraba.

Tô indo pra brazilha.

Abrasso, Nirso."

No outro:

"Seo gomis, brazilha fexô 20 mil. Vô pra frolinopolis e de lá pra sum paulo no vinhão das cete hora.

Abrasso, Nirso."

E assim foi o mês inteiro. O gerente, muito preocupado com a imagem da empresa, levou ao presidente as mensagens que recebeu do vendedor.

O presidente escutou atentamente o gerente, e disse:

— Deixa comigo. Vou tomar as providências necessárias.

E tomou...

Redigiu de próprio punho um aviso e o afixou no mural da empresa, com as mensagens de fax do vendedor Nirso.

"a parti de oje nois tudo vamo fazê feito o nirso.

Si priocupá menos em iscrevê serto, mod vendê maiz.

acinado, o prizidenti."

DICA PRÁTICA:

Costumo sempre repetir em minhas palestras: "Naum basta cer proficionau. Tem que parecer profissional". A parábola do Nirso obviamente não prega que "se venda de qualquer jeito".

Outro dia, ouvi de um diretor em plena convenção de vendas: "Nós precisamos bater nossa meta, nem que seja honestamente!". Eu torço para que ele tenha se enrolado em suas palavras.

Vender a qualquer custo, até quando? Vender mais do que o cliente realmente precisa, até quando?

Qualquer ser humano deseja manter relacionamento ativo com pessoas bem-sucedidas. Portanto, escrever e falar bem — mesmo que sua clientela seja composta por pessoas humildes e de baixa instrução — é condição básica para o sucesso não só em vendas, mas em qualquer carreira.

Pesco no Nirso uma outra linha de raciocínio. Em muitas empresas, há profissionais que reclamam mais do que fazem. Em tudo veem um impedimento, têm dificuldades em acreditar e aceitar novas ideias, parecem que jogam contra. Falam muito e fazem pouco.

Falo daqueles que fazem um esforço sobre-humano não para trazer resultados, mas arrumar desculpas. Alguns chegam a colecionar justificativas!

Fique com este ensinamento imprescindível para quem deseja se destacar:

"Quem quer fazer alguma coisa, encontra um meio.

Quem não quer fazer nada, encontra uma desculpa."

OS 10 MANDAMENTOS DO VENDEDOR DE SUCESSO

Ao longo dos anos, percebi que os campeões de vendas reúnem características similares, que passam pelo conhecimento do produto, do serviço, da empresa e do cliente, e também por uma boa apresentação pessoal, além de um otimismo inabalável. São pessoas que, quando caem, levantam a poeira, seguram o touro pelo chifre e dão a volta por cima.

Mas existem outros conceitos que, quando aplicados, mudam a vida do vendedor. Aqui, eu os chamo de "Mandamentos". Eles estão longe daquelas dicas enlatadas traduzidas do inglês e das ideias teóricas de palestrantes e consultores que nunca botaram a mão na massa (bonitas na teoria, mas não funcionam ou são complexas demais).

Seu trabalho, ao ler estes mandamentos, é colocá-los em prática. Se não o fizer, a leitura deste livro não terá passado de puro entretenimento.

Um ou outro mandamento pode não se adequar a sua realidade ou ao seu segmento de atuação. Cabe a você ter discernimento para adaptar estas ideias a sua realidade.

Leia estes "Mandamentos" inspirados na frase de **John Maynard Keynes**, um dos maiores economistas de todos os tempos, criador da 'macroeconomia'.

"A dificuldade não está em aceitar ideias novas.
A dificuldade está em se livrar das ideias antigas."

1º MANDAMENTO: PREPARAÇÃO

Conhecimento sempre: Não canse de buscá-lo.

Existem duas pragas no mundo das vendas:

1. O profissional com pouca experiência (o novato) que não faz o mínimo esforço para aprender coisas novas.

2. O profissional veterano, normalmente com mais de dois anos de casa, que acha que já aprendeu de tudo e não faz nada para mudar.

Crie o seu ***Plano de Aceleração do Conhecimento***. Relacione, nas linhas abaixo, os cursos que você deseja fazer. Vale de tudo: faculdade, pós-graduação, cursos livres de vendas, *marketing*, negócios e até de áreas que não têm qualquer relação com o seu objetivo final (culinária, mestre cervejeiro, eletrônica etc). Dê uma olhada especial em informática e em outros idiomas. A Copa do Mundo de 2014 e as Olimpíadas de 2016, por exemplo, são eventos de grande porte, únicos em nosso país, que passam mais rápidos do que conseguimos perceber. Como você se organiza para ocasiões como essas? Aproveitarão as melhores oportunidades, direta ou indiretamente, aqueles profissionais preparados.

Preparação é treino. Assim como faz o jogador de futebol, o ator, o músico, o advogado. Todas as profissões treinam mais do que jogam. Em vendas, no entanto, milhares de profissionais sequer treinam. Seguem suas vidas na base da intuição, da tentativa e do erro.

Todas as pessoas bem-sucedidas que conheço seguiram este caminho: treinamento, treinamento e treinamento, constantemente. Oxigenam sua mente, injetam adrenalina. Jamais se arrependeram de ter investido tempo e dinheiro em capacitação (por pior que seja um curso, sempre aprendemos alguma coisa ou revemos práticas importantes).

Logo após fazer um gol nos 48 minutos do segundo tempo e dar a vitória do campeonato ao Flamengo, Zico foi abordado por um repórter:

— Zico, foi sorte fazer este gol nos 48 do segundo tempo?

O grande mestre dos gramados respondeu, deixando uma verdadeira pérola para nós, profissionais de vendas:

— Rapaz, quanto mais eu treino, mais sorte eu tenho.

MEU PLANO DE ACELERAÇÃO DO CONHECIMENTO

(Cursos que desejo realizar. Coloque o nome, o local, o preço e o prazo para sua inscrição).

____

____

____

2º MANDAMENTO: PLANEJAMENTO DE CARREIRA

Planejamento é tudo na vida.

"Ninguém planeja fracassar, mas fracassa por não planejar" Jim Rohn, pensador americano.

Diariamente, enfrentamos diversas batalhas para fechar vendas, bater metas e alcançar resultados. A luta é dura! Alguns vendedores encaram como uma guerra. Nossa atividade é uma rotina estressante, com muitos obstáculos que podem nos derrotar.

Para ajudar você a vencer todos os desafios e sair vitorioso em suas batalhas do mundo das vendas, recomendamos uma arma poderosa: ***Planejamento.***

A maior de todas as falhas de um profissional de vendas é não se planejar. E isto vale tanto para o planejamento de visitas, planejamento da semana, planejamento do mês e, principalmente, planejamento de carreira e de vida.

É claro que nem tudo sai como nós imaginamos e que, às vezes, um planejamento de visitas pode ser prejudicado ou até mesmo interrompido por causa de um engarrafamento, um pneu furado, um "chá de cadeira" do cliente. Mas ter um plano, saber para onde vai, como vai e quanto vai custar aumenta substancialmente a probabilidade de chegar lá.

Sem um plano registrado (no papel ou no computador), você tem que contar muito mais com a sorte ou a intervenção divina para conquistar seus sonhos e objetivos. É claro que estes dois elementos fazem parte da vida de qualquer ser humano. Mas contar com eles e não agir é fracasso na certa.

Grandes generais sempre utilizaram o planejamento como arma estratégica: ao longo da história, muitos deles, que na verdade são grandes estrategistas, já ensinavam a importância de ter um planejamento. E isto inclui também o que fazer quando as coisas não acontecem da maneira planejada: o famoso "Plano B".

A vida é como um labirinto.

E o planejamento é o mapa para sair dele.

Deduzo que você, como a esmagadora maioria das pessoas, possua objetivos a serem alcançados. Mas dificilmente desenvolve uma lista de objetivos reais e alcançáveis (um plano). Uma coisa é querer uma casa própria. Outra coisa totalmente distinta é, em sua agenda, no computador ou mesmo em um "papel de pão", listar seus objetivos com prazos, formas e datas a serem realizados, além das simulações necessárias. Se você já se planeja de verdade, parabéns. Se não, está na hora de rever seus conceitos e esboçar um plano. O único beneficiado será você.

Estamos propondo o desenvolvimento de uma espécie de bússola profissional.

Você nunca viu e nem jamais verá um vencedor na vida que não tenha planejado muito antes de agir. O mais interessante é que todos os vencedores somaram, ao longo de suas vidas, muito mais fracassos do que sucessos. Parece-lhe estranho? Pois não deveria, já que foi isso que os ensinou sofridamente a planejar, corrigir-se e conseguir o sucesso que os tornou imortais. Mas será preciso primeiro fracassar para só depois vencer? Ou haverá uma forma mais inteligente e menos dolorosa de chegar ao sucesso? É claro que existe essa forma. Chama-se: PLANEJAMENTO.

Geralmente, planejamos cuidadosamente todas aquelas atividades que nos dão prazer: uma viagem de fim de semana, uma festa de aniversário ou uma pescaria.

Mas é incrível: nós, brasileiros, não temos o hábito de planejar aquilo que viabiliza este prazer, que são: nosso roteiro de trabalho, nossa carreira e, até mesmo, a nossa vida. Não fazemos isso porque estas coisas são vistas como uma obrigação, como um fardo. Por meio delas "sobrevivemos" quando, na verdade, devemos "viver".

Quer vencer na profissão de vendas? Planeje.

A seguir, apresento aquilo que pode se tornar o seu Plano de Carreira. Ou, em escala menor, seu plano para conquista de sonhos e objetivos. É claro que aqui está resumido e que não leva em consideração aspectos aprofundados. Mas é o início. Lembre-se da frase do início deste mandamento: "Ninguém planeja fracassar. Mas fracassa por não planejar".

Pegue uma caneta e faça esta simulação respondendo a algumas perguntas básicas.

Pergunta: "O QUÊ?"	Defina seu objetivo, seu foco, seu desejo, sua meta. Defina O QUE VOCÊ QUER. Alguns exemplos: "Eu quero comprar um carro zero". "Quero ser promovido a gerente". "Quero ser o campeão de vendas do ano". "Eu quero fazer uma viagem para a Europa". "Eu quero comprar uma casa e deixar de pagar aluguel".

____

____

____

Pergunta: "POR QUÊ?"	Registre os benefícios que você terá ao atingir o objetivo definido. O que melhorará na sua vida? Dê a si mesmo, no mínimo, três vantagens que terá ao atingir esta meta. Este estágio é de fundamental importância pois lhe dará o foco necessário. É por causa dos benefícios que as pessoas não desistem jamais de continuar lutando para realizar seus planos. Alguns chamam isso de teimosia; eu prefiro, persistência.

____

____

____

Pergunta: "QUANDO?"	Qual o prazo deste objetivo? Essa questão é importantíssima. Sem ela, a música tema de sua vida será o verso cantado por Zeca Pagodinho: "Deixa a vida me levar, vida leva eu". Esta resposta ajudará você a parar de empurrar seus objetivos com a barriga.

____

____

____

Pergunta: "COMO?"	O que você terá que fazer para atingir o objetivo? Aqui você precisa relacionar as táticas que precisará colocar em prática para superar as dificuldades que surgirem (elas sempre surgem).

____

____

____

Pergunta: "QUEM?"	Quem poderá ajudá-lo (ou atrapalhá-lo) para conseguir chegar ao objetivo determinado? A grande verdade é que sozinho não se consegue chegar a lugar algum; com toda a certeza, você precisará de outras pessoas para chegar lá. Você terá, portanto, de envolver essas pessoas com seu objetivo; sua mulher ou seu marido, seus funcionários, seus clientes. Registre aqui quem são essas pessoas.

____

____

____

Pergunta: "QUAIS?"	Quais serão as dificuldades que você terá de enfrentar para chegar lá? Antecipar-se a elas é um diferencial e tanto na sua jornada. Quando as dificuldades chegarem, você já terá pensado nas formas de combatê-las e não entrará em desespero.

___

___

___

Pergunta: "QUANTO?"	Quanto tempo será gasto? Quanto dinheiro será investido? Tempo e dinheiro são dois elementos vitais em todo planejamento. Pode acontecer, ocasionalmente, de não ser possível dimensionar uma dessas duas coisas. Mas isso não prejudicará seu plano. A proposta é você dimensionar quanto tempo vai dedicar para atingir o objetivo e quanto dinheiro precisará.

___

___

___

Agora, leve o quanto antes estas ideias para um computador ou para o papel e as aprofunde. Esquecê-las aqui neste livro significa que você esquecerá, mais dia menos dia, de seu projeto de vida.

3º MANDAMENTO: PLANEJAMENTO FINANCEIRO

Ter a vida organizada e estruturada não é muito comum na área de vendas. A desorganização é uma característica percebida constantemente em profissionais que atingem certo sucesso. Estou me referindo àqueles que:

- ✓ Gastam tudo que ganham sem pensar no amanhã;
- ✓ Vendem o almoço para pagar a janta;
- ✓ Não se preparam para o futuro, para o amanhã;
- ✓ Não trabalham "seguros";
- ✓ Em alguns casos como o de Representante Comercial Autônomo, de Corretores de Imóveis e outras profissões liberais, não contribuem para o INSS, que, por pior que seja, é uma garantia.

Este terceiro mandamento é dividido em três etapas:

1 – Vida Financeira Equilibrada.

2 – O Amanhã.

3 – Trabalhar Seguro.

Vamos a eles.

Vida financeira equilibrada: o primeiro passo do terceiro mandamento é colocar em ordem todos os seus gastos. Passe a registrar todas as despesas que você tem no dia a dia, inclusive as menores (vale para cafezinho, bala e cigarro). É chato e dolorido, mas vai valer a pena. Talvez alguém do seu círculo de amizade o chame de unha de fome ou avarento.

O funcionamento, porém, é simples: sempre que possível, recolha nota fiscal e/ou recibo de todos os seus gastos. Se não conseguir a nota fiscal, anote em um caderninho. Uma vez por semana, lance todas essas informações em uma espécie de "livro-

-caixa" (você pode fazer isto mensalmente, mas se não conseguir disciplina para fazer semanalmente, um sinal amarelo se acende).

Todo profissional de vendas precisa entender que é uma espécie de microempresa. E toda organização bem-sucedida tem um controle financeiro decente. Principalmente por isso, você precisa identificar para onde está indo seu suado dinheiro.

Para facilitar este trabalho, lhe dou uma forcinha. No endereço www.diegomaia.com.br/planejamentofinanceiro disponibilizo gratuitamente para você, leitor deste livro, uma planilha em Excel, totalmente automatizada. É uma planilha muito boa. Lá, você poderá colocar todas as suas despesas e receitas e visualizar automaticamente gráficos ilustrativos. E o melhor: você não precisa dominar o Excel. A planilha faz tudo para você, basta incluir os dados e não alterar as fórmulas.

Dê o primeiro passo! Baixe esta planilha para seu computador e registre suas despesas.

Faça o esforço extra de controlar sua vida financeira e perceberá, ao longo dos meses e dos anos, uma real mudança no seu estilo de vida.

Agora, é importante ressaltar um ponto: geralmente um profissional de vendas, como disse antes, gasta mais do que recebe. Além da disciplina e do autocontrole, você precisará de coragem para encarar esse monstro.

Outro dia um vendedor me disse: "Diego, eu sei que ter um controle financeiro é importante. Mas a última linha da planilha sempre está marcada em vermelho! Quando percebi isso, quase entrei em depressão. Prefiro não saber estas coisas".

Não controlar a vida financeira por não ter coragem de encarar o que vai encontrar não o levará a lugar algum.

É você que controla o seu dinheiro ou
o seu dinheiro que controla você?

O AMANHÃ

O belo samba *O Amanhã*[*], lançado pela escola de samba carioca União da Ilha do Governador, no carnaval de 1979 e que, quatro anos depois, se tornou o grande sucesso da cantora Simone, é ótimo para embalar festas e comemorações.

Mas um vendedor não pode segui-lo ao pé da letra no seu dia a dia. Vamos conferir alguns trechos:

A cigana leu o meu destino
Eu sonhei!
Bola de cristal
Jogo de búzios, cartomante
Eu sempre perguntei
O que será?

E vai chegando o amanhecer
Leio a mensagem zodiacal
E o realejo diz
Que eu serei feliz
Sempre feliz...

Como será o amanhã?
Responda quem puder
O que irá me acontecer?
O meu destino será
Como Deus quiser
Como será?...

Há ditos populares antigos que costumam ser levados ao pé da letra por todas as camadas sociais. O principal deles é o "O amanhã a Deus pertence".

---

* Composto por Gustavo Adolfo de Carvalho Beata Neves.

Pautar um trabalho nessas palavras e não se preparar para o futuro representa falta de atitude para se preparar para a velhice. Representa preocupação, apreensão.

Estatísticas oficiais mostram que, de cada 100 pessoas que começaram a trabalhar com 20 anos, quando chegam aos 65 anos:

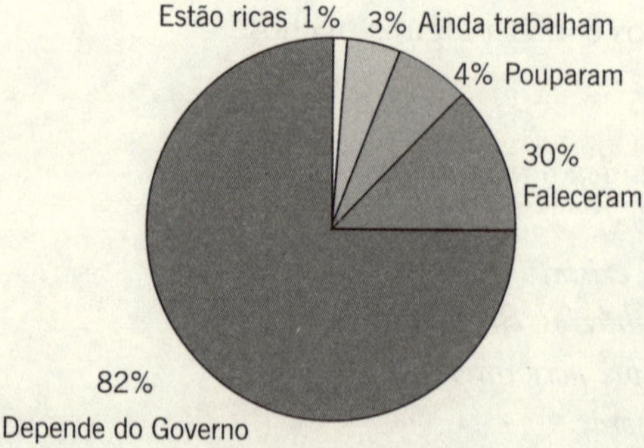

Em qual parte desse gráfico você deseja estar?

Vamos utilizar alguns panos de fundo para ilustrar este bate--papo, baseados em relatos reais.

1 – Marcinho é um vendedor aposentado que trabalhou a vida toda e contribuiu mensalmente para o INSS por meio das empresas que trabalhou na condição de celetista (funcionário com carteira assinada). Ganhava muito bem, numa faixa de R$ 6.500,00. Recolhia, portanto, o INSS pelo teto máximo. Sua empresa pagava tudo por dentro (salário, comissões, prêmios e bônus). Seu salário na aposentadoria será o teto máximo determinado por lei. Ou seja, não receberá mais o valor total a que estava acostumado. Ao se aposentar, o salário de Marcinho caiu pela metade e, com ele, seu padrão de vida.

2 – Rosilda é uma representante comercial autônoma. Como orientada por seu contador, recolhe o mínimo possível para o INSS e não mantém qualquer outro investimento financeiro

pensando no futuro. Resultado previsto: ao se aposentar, ganhará um salário mínimo. Mas trabalhou a vida toda e ganhou um bom dinheiro. Ao olhar para trás, se arrependerá profundamente por não ter tomado uma atitude diferenciada. Quando der por si, já será tarde.

3 – Alberto, garante que durante toda sua vida como vendedor de copiadoras, recolheu o suficiente para ter uma aposentadoria tranquila pelo INSS. Ele recolhia o equivalente para ter, no futuro, dez salários mínimos de aposentadoria. Com as constantes mudanças nas regras, isso não é mais possível. Afinal, o teto está em torno de seis salários mínimos enquanto o salário já passou de R$600. Faça as contas! Quantas histórias similares a esta você já ouviu?

4 – Josefa é uma corretora. Trabalhou a vida toda levando boas oportunidades, de maneira independente, para seus clientes. Jamais pensou em contribuir para o INSS, não via importância nisso. Sempre que podia, evitava pensar no assunto. Hoje, já prestes a atingir a idade para se aposentar, descobre que, de acordo com a legislação, não terá direito a nada. Até está tranquila, pois conseguiu comprar sua casa própria e formar os filhos. Mas seu destino será parecido com o de muitos idosos: terá que continuar trabalhando para garantir o ganha-pão.

Poucos são os vendedores que possuem uma forma alternativa para se preparar para o amanhã.

Estou me referindo, por exemplo, a um plano de previdência privada – um tipo de investimento criado por instituições financeiras para garantir uma aposentadoria confortável e a qualidade de vida na terceira idade –, investimento que considero fundamental para quem trabalha com vendas! É uma espécie de poupança forçada. O quanto antes começar, mais saudável será seu futuro e mais barata será sua contribuição (é possível começar este investimento com R$ 50,00 por mês).

As principais empresas do setor (bancos e seguradoras) oferecem um serviço simples e interativo na internet para que os interessados façam simulações e calculem o valor das contribuições mensais e o quanto vão receber no futuro como renda vitalícia. Para isso, basta fornecer os dados básicos do interessado, particularmente a idade atual e o ano em que pretende se aposentar. Imaginar-se vinte ou trinta anos à frente é divertido, mas o exercício deve funcionar apenas como referência inicial e nunca como o principal critério para a escolha do plano, segundo explicam os especialistas no assunto. Trata-se de uma estimativa, não uma promessa de ganho com exatidão aritmética.

Por se tratar de um investimento de longo prazo, um dos fatores mais importantes no momento de optar por um plano de previdência privada é a confiança na solidez da instituição. Bancos sólidos e antigos dificilmente quebrarão.

Outro dia ouvi de um vendedor, com mais de 50 anos de idade:

— Eu que não sou louco de fazer um plano desse. Há uns quinze anos, um amigo depositava religiosamente uma boa quantia num desses planos. A empresa faliu e o deixou na mão.

Soou como uma espécie de recalque e desinformação, uma vez que a legislação de nosso país é forte e existe um fundo garantido para casos emergenciais.

Há casos reais de pessoas que começaram bem cedo com a contribuição de sua previdência privada e que, com menos de 50 anos, contabilizam rendas altíssimas. Em última instância, um plano de previdência tem a missão específica de possibilitar que o padrão de vida seja mantido depois da aposentadoria.

Moral da história: contribuir para o INSS é importante, como eu já disse por aqui. Além de ser uma questão cultural de nosso país, não tê-lo é pior. O INSS garante a aposentadoria e diversos benefícios que não encontramos em planos de previdência privada, como o seguro doença e a licença-maternidade.

Mas começar imediatamente com um plano de previdência privada é necessário.

Para saber mais sobre esse tema e descobrir como garantir uma aposentadoria bacana, leia os livros do especialista Gustavo Cerbasi. Procure na livraria mais próxima. Eu gosto muito do livro "Dinheiro: os segredos de quem tem". A obra traz uma linguagem fácil, direta e objetiva, como nós profissionais de vendas gostamos.

TRABALHAR SEGURO

É provável que você não tenha e não pense em fazer um seguro de vida. Geralmente, este item não faz parte de nossa lista de prioridades. Para muitos, traz "mau agouro" pensar nisso.

A exceção fica por conta dos vendedores que trabalham em ramos que, normalmente por uma disposição sindical, exigem que suas empresas façam seguros de vida para todos os funcionários. Outra exceção são aqueles que fizeram um seguro de vida que foi forçado pelo gerente do banco ou pela atendente do cartão de crédito.

Um dia, um diretor de uma seguradora me confidenciou que existem países bem menos desenvolvidos que o Brasil, como a Nigéria por exemplo, em que o seguro de vida é mais badalado e tem sua importância e necessidade reconhecidas.

No decorrer de nossas vidas, vislumbramos e realizamos muitos projetos. Assim, nos preocupamos em proteger o que de mais valioso conquistamos. Fazemos seguro de nossa casa, carro, escritório, equipamentos eletrônicos, enfim, de todos os bens adquiridos. Com certeza devemos proteger tudo aquilo que é importante para nós! E, claro, a vida é mais importante que um carro.

A única forma existente para proteger seu maior patrimônio (sua vida e de sua família) é fazendo um seguro de vida.

Dia desses, estava visitando uma imobiliária de grande porte quando fui surpreendido pela notícia de que um corretor havia falecido. Ele sempre figurava na lista dos dez maiores vendedores, mas era um *bon vivant*. Gastava mais do que recebia. Deixou sua família "na mão", pendurada em dívidas, e seus colegas tiveram que passar a sacolinha para ajudar a enterrá-lo.

É este o futuro que você quer para você?

Seguro de vida, por outro lado, não tem como objetivo deixar sua família rica depois de sua partida. Mas é uma forma de não deixá-la desamparada, mesmo que provisoriamente.

Existem seguros baratos (mas também têm uma cobertura baixa, que ainda assim é muito melhor do que nada). Estou me referindo a pouco mais de vinte reais por ano. Ou menos de dois reais por mês. Ou seja: cabe no bolso de todo profissional de vendas.

Além do seguro de vida, o mercado segurador nos oferece alternativas de garantia. Uma delas é o que é popularmente conhecido como "Seguro Perda de Renda", mas cada seguradora costuma adotar uma nomenclatura diferente.

Com um pequeno investimento mensal, que varia de acordo com a idade e a retirada média do vendedor, a seguradora garante, em caso de impossibilidade de trabalho por causa de algum acidente ou doença, aquele mesmo salário declarado. Normalmente, este produto pode ser contratado por alguns tipos de profissionais, como médicos, advogados e, claro, representantes comerciais, corretores de imóveis e alguns tipos de profissionais de vendas.

Conheço um representante comercial que retirava mensalmente uma média de R$ 2.500,00 como remuneração e fez este seguro numa quinta-feira. No domingo, ele foi jogar sua pelada, como de costume. Por um grande azar, rompeu o tendão (ai que dor!) e, por ordem médica, precisou ficar sem trabalhar por pelo menos três meses. E a seguradora, mensalmente, pagava seu salário.

Um outro representante, desta mesma empresa, por uma infelicidade do destino bateu com seu carro ao sair da visita a um cliente. O veículo foi parar embaixo de um ônibus e ele teve que ser resgatado pelos bombeiros.

O representante sobreviveu, mas sofreu traumatismo craniano e teve várias outras sequelas. "O período de recuperação não será menor do que seis meses", disseram os médicos. Se nosso guerreiro tivesse feito este "seguro perda de renda" não ficaria sem receita e não dependeria de favores de terceiros para viver. O grande problema quando algo de ruim acontece na vida das pessoas, além da perda da saúde e de possíveis sequelas, é que as contas continuam chegando.

Como diz o slogan de uma grande seguradora, as pessoas seguras são mais felizes. Trabalham menos preocupadas com o amanhã e conseguem focar naquilo que mais importa: o resultado de seu trabalho.

RESUMINDO O 3º MANDAMENTO:

✓ Controle suas despesas e receitas.

✓ Contribua para o INSS religiosamente e faça um Plano de Previdência Privada o quanto antes.

✓ Contrate um seguro de vida e, se possível, um seguro "perda de renda".

4º MANDAMENTO: COMPROMETIMENTO

Uma recente pesquisa de uma consultoria americana mostrou que:

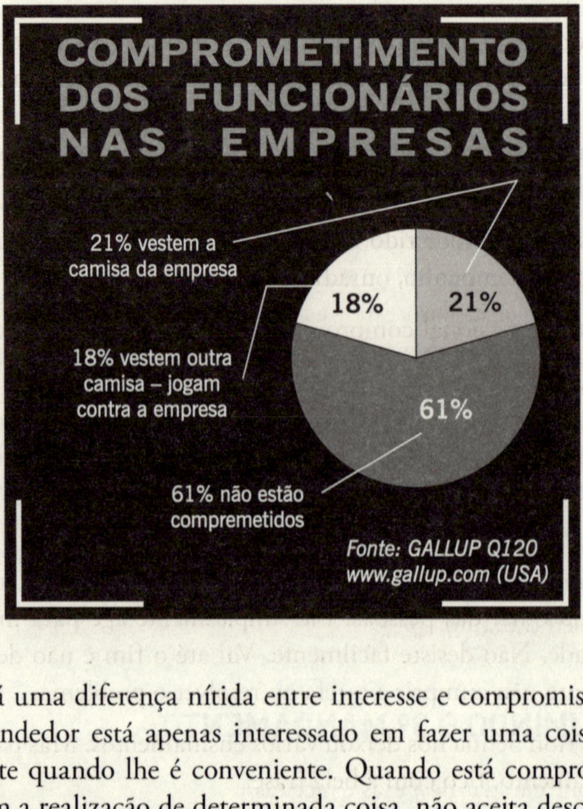

Há uma diferença nítida entre interesse e compromisso. Se um vendedor está apenas interessado em fazer uma coisa, faz somente quando lhe é conveniente. Quando está comprometido com a realização de determinada coisa, não aceita desculpas, apenas resultados.

Você tem compromisso com o seu sucesso? Com sua carreira? Com seu trabalho?

O profissional de vendas precisa assumir um compromisso público, que precisa ser mais forte que qualquer contrato registrado em cartório. Este compromisso é com o seu próprio sucesso, com o sucesso de sua empresa e com o sucesso de seu cliente.

Se um negócio não for bom para nenhuma dessas três partes, obviamente haverá alguém lesado. Um bom negócio tem que ser bom para todos os envolvidos. E sempre buscar por isto é um dos sinais que classificam o profissional como comprometido.

Como você pode perceber, este quarto mandamento nos revela que comprometimento vai muito além de não atrasar, não faltar, ser responsável e não falar mal da empresa. Estas são quatro questões vistas como básicas. Fazer isso é uma obrigação do trabalhador.

Estar comprometido é fazer o "algo a mais". É se destacar conjugando empenho, ousadia, iniciativa e criatividade.

Um profissional comprometido sempre consegue se colocar no lugar dos outros, sentir o que os outros sentem. Termina tudo o que começa, não deixa nada pela metade.

Apresenta soluções e não, problemas. Pergunta o que não sabe, é curioso, tem vontade de aprender, vai fundo até dominar o que não conhece.

Um profissional comprometido não vive reclamando da vida e falando mal das pessoas. Ele simplesmente age para mudar a realidade. Não desiste facilmente. Vai até o fim e não descansa enquanto não cumprir a tarefa ou resolver o problema.

Ayrton Senna nos deixou vários ensinamentos. Mas para este mandamento, fico com a bela frase:

> "No que diz respeito ao empenho, compromisso e esforço, não existe meio termo.
> Ou você faz muito bem-feito ou não faz".

Simples assim.

5º MANDAMENTO: APRENDER COM OS ERROS

Gonzaguinha nos brindou com dezenas de músicas fantásticas. Uma delas tem um verso que sintetiza muito bem este importante mandamento. Diz assim:

> "Cantar e cantar e cantar a
> beleza de ser um eterno aprendiz."

O quinto mandamento do vendedor de sucesso é: "ser um eterno aprendiz". Mas quais são as vantagens de viver como um eterno aprendiz? Como é isso?

São estes os dois conceitos:

✓ Quando eu erro, aprendo em vez de ficar chorando pelo "leite derramado".

✓ Quando ganho um sim, também aprendo, em vez de deixar a situação passar sem qualquer avaliação. Sempre haverá algo que possamos melhorar.

A proposta central é tirar o melhor proveito possível do que acontece no desenvolvimento do nosso trabalho.

Infelizmente, uma das armadilhas mais comuns da profissão de vendas é perder a capacidade de aprender.

Isso acontece porque todos os ensinamentos de vendas nos dizem para sermos autoconfiantes e acreditarmos sempre em nós mesmos e nos nossos argumentos. Os livros dizem para demonstrarmos, perante o cliente, que não temos dúvida alguma sobre os nossos produtos, as nossas propostas, a nossa empresa.

A consequência é que essa autoconfiança acaba, em muitos casos, nos custando muito caro, porque perdemos a principal característica dos sábios, que é a humildade.

Quando falhar, pergunte para si mesmo, e se possível para os outros, o que você pode fazer melhor para ganhar da próxima vez.

Relacione esses erros e acertos como uma forma de inventário pessoal e reflita sobre eles. Em vendas, detalhes podem fazer a diferença e, na esmagadora maioria das vezes, nós não conseguimos identificar, sem a ajuda de terceiros, que detalhes são esses. Pode ser algo que você falou ou que não falou, ou algo que você fez ou deixou de fazer.

Tenho uma grande certeza sobre o mundo das vendas: nele não existe perfeição, embora seja nossa obrigação sempre buscá-la.

Por isso, em todos os momentos de sua vida, lembre-se desta frase:

"O grande mérito do erro é o aprendizado."

6º MANDAMENTO: INOVAÇÃO

Não tenho qualquer dúvidas de que inovação é o negócio de todos os negócios. Eu creio que os vendedores não são pagos para simplesmente vender. Eles são pagos (e, na maioria das vezes, muito bem pagos) para criar formas e modelos novos para fazer antigos procedimentos.

É melhor ser visto como um sonhador do que um repetidor de coisas e estilos.

Mas o que é inovar em vendas?
Como inovar em vendas? Por que inovar em vendas?

O mercado está repleto de empresas similares, produtos e serviços similares, atendimento similar, funcionários similares. Tudo é muito parecido. Tudo é muito igual.

Se tudo é igual, o que diferencia é o preço. Comprar com base no preço é a vingança do cliente contra os vendedores (e empresas) que fazem todo dia tudo sempre igual.

Inovação é colocar em prática uma forma nova de fazer coisas antigas. E isto vai desde um bom-dia diferente até o envio de uma cartinha de feliz aniversário.

Inovar é imprescindível para que a concorrência não consiga chegar perto de você. Em última instância, inovações constantes criam uma blindagem invisível em volta do bem mais precioso de todo vendedor: o cliente.

O que você pode fazer para inovar no seu trabalho como vendedor? Comece pensando no que você pode colocar em prática sem depender de apoio ou autorização de terceiros.

Abaixo, proponho doze atividades relacionadas à inovação. Eu sugeri seis. Você preenche as outras seis.

Pegue uma caneta e comece agora. Não deixe para amanhã o que você pode fazer hoje.

MINHA LISTA DE (pequenas) INOVAÇÕES:

1. Nunca almoçar sozinho.
2. Proporcionar conhecimento para o cliente (enviando artigos e reportagens que possam contribuir para o trabalho/vida dele).
3. Publicar uma foto com ele na rede social (no *Facebook*, por exemplo).
4. Realizar uma pesquisa de satisfação com clientes.
5. Coletar testemunhos e depoimentos de clientes.

6. Realizar parcerias com outras empresas que não concorrem diretamente com a minha, mas que buscam os mesmos clientes que eu.

7 ______________________________

8 ______________________________

9 ______________________________

10. ______________________________

11. ______________________________

12. ______________________________

Para este mandamento, cai perfeitamente bem a antiga frase do gênio Albert Einstein:

> "Insanidade é fazer todos os dias as mesmas coisas e desejar resultados diferentes."

7º MANDAMENTO: NETWORKING (REDE DE RELACIONAMENTOS)

No mundo dos negócios, não importa quem você conhece. Importa quem conhece você. Por causa dessa máxima, desenvolver uma aprofundada rede de relacionamentos virou tarefa obrigatória para todos aqueles profissionais que querem se destacar.

Construir uma rede de relacionamentos não é tarefa fácil: exige disciplina, dedicação e estratégia. É um trabalho árduo, especialmente quando o nosso objetivo é fazer as pessoas se lembrarem de nós. Newtworking não tem nada a ver com ter uma caixa enorme cheia de cartões de visitas.

Networking é a verdadeira "carteira de clientes" que muitas empresas exigem quando contratam vendedores, e todos os candidatos dizem ter. Mas quando vamos conferir, o que eles possuem é uma "lista de clientes".

Carteira de Clientes: é uma relação de empresas ou pessoas físicas que já fizeram, ou não, negócios com o vendedor, mas que reconhecem o profissional como um especialista em determinado assunto.

Lista de Clientes: é uma simples relação de clientes e/ou prospects que um vendedor apresenta como "carteira". Mas quando consultamos estes clientes e/ou prospects, eles não lembram do profissional.

Para ficar claro: uma carteira é uma carteira quando o cliente lembra do vendedor. Se não lembra, é uma lista.

Networking é se fazer presente. É estar em permanente contato com as pessoas (não só clientes). Para tanto, a primeira grande regra é fazer amizade com todo mundo: com o porteiro, o técnico, o carteiro, o chaveiro, o servente, o presidente!

Nos elevadores, cumprimente e puxe conversa com as pessoas. Converse com as pessoas dos lugares que você frequenta. E isto vale para igrejas, academias, clubes e cursos.

Qual o nome do porteiro do seu prédio? Da diretora da escola de seus filhos? Do dono da banca de jornal? Do ascensorista do prédio de sua empresa?

Por natureza, nós brasileiros somos um povo cordial, afável e comunicativo, mas a loucura da correria diária nos afasta das pessoas e prejudica a manutenção de qualquer tipo de relacionamento. Isso é resultado da pressão por resultados.

O profissional de vendas que busca o sucesso precisa lutar para quebrar esse círculo de isolamento a que é submetido. Ele precisa "quebrar o coco e arrebentar a sapucaia" para se manter vivo na lembrança de clientes, prospects, colegas de mercado e, inclusive, pessoas de outros ramos.

Conheça, a seguir, algumas estratégias para criar uma poderosa rede de relacionamentos.

RELACIONAMENTO COM CLIENTES E PARCEIROS

Durante doze anos consecutivos, Joe Girard foi vendedor de carros numa loja da Chevrolet em Detroit, Michigan (EUA). Naquela empresa, Joe vendeu mais de 13 mil carros (uma média de seis carros por dia útil), o que o pôs no "Livro *Guinness* dos Recordes" como o "Melhor vendedor do mundo".

Ele não tinha nível superior e sua origem era muito humilde. Antes de trabalhar na concessionária Chevrolet, jamais trabalhou com vendas. Não tinha nada para dar certo, ninguém apostava nele. Hoje, é uma verdadeira referência para nós.

Seu segredo era enviar cartões para seus clientes. Eram cartões escritos de próprio punho nos quais ele os felicitava pela compra, perguntava se estavam satisfeitos com o veículo, ou enviava cumprimentos pelo Natal, aniversário ou casamento de um filho ou filha. Fazia isso sistematicamente, percorrendo sua agenda de A a Z. **Seu foco era, portanto, não especificamente a venda, mas o desenvolvimento de um relacionamento com o cliente e sua família.**

"Não havia nada mais no cartão que um texto emotivo e meu nome. Só lhes parabenizando.", explicou Joe em uma entrevista. Seus clientes, ao receber os cartões a cada ano, durante muito tempo, mantiveram uma verdadeira e profunda fidelidade. Nestas correspondências, Joe não mandava um folder de um produto e não propunha qualquer ação.

Para avaliar a história de Joe, coloque-se no lugar de um de seus clientes. Imagine que você comprou um carro. Desde então, todos os anos no Natal e no dia de seu aniversário, recebe cartões escritos não pela empresa ou montadora, mas pelo vendedor que lhe atendeu.

Esta história é ainda mais incrível quando lembramos que Joe fazia isso em uma época (décadas de 70 e 80) em que não havia internet. Ele enviava mensagens de maneira manual, pelo tradicional serviço dos correios.

Hoje, você pode fazer isso pela internet. Há sistemas (inclusive gratuitos) em que você pode cadastrar os dados de seus clientes e ser lembrado, pelo próprio sistema, do dia do aniversário deles. Esses sistemas, se você desejar, enviam e-mails automáticos.

Mas responda: quantos cartões de Natal você recebeu no ano passado? Foram poucos, certo? Isto acontece com seu cliente. Enviar e-mail a eles desejando feliz aniversário ou feliz Natal vai diferenciar você da concorrência, porém muita gente já está fazendo isso. Optar por enviar um cartão assinado manualmente o colocará numa posição de amplo destaque. Ninguém mais faz isso e essa ação pode representar muito para você.

A proposta é se manter vivo na mente e no coração de seus clientes. Mas atenção! Há vendedores que cismam em manter relacionamento com seus clientes enviando aquelas "lindas" mensagens de Power Point com músicas e imagens. Ou correntes. Elimine esta prática de sua vida, pois ela não causa boa impressão. Você correrá um grande risco de o cliente classificar seu endereço de e-mail como indesejado. Aí, já era.

PROMOVA-SE COMO UM ESPECIALISTA! UTILIZE A TECNOLOGIA A SEU FAVOR.

Quais das tecnologias disponíveis na grande rede você utiliza? Você tem um blog? Uma conta no Twitter? Tem Facebook?

Perca o medo delas! Elas são fundamentais para o cliente sempre se lembrar de você!

Todas elas ajudam você a cumprir a necessária demanda de se relacionar com clientes e parceiros.

Conheço um consultor de vendas que criou uma conta no Facebook. Por ter um objetivo profissional, ele não posta fotos pessoais, nem com latas de cerveja na mão ou na praia.

A maioria de seus clientes está lá, cadastrada na sua rede. Ele criou uma novidade que foi considerada "fofa demais" por seus colegas: tira fotos com seus clientes e publica no Facebook. Na sequência, pede para o cliente visualizar.

Outro dia acessei o Facebook dele. Tinha muitas fotos com clientes e, pasme, um pedido de compras lá!

Ter seus clientes por perto em uma rede social não faz mal e não prejudica sua imagem. Pelo contrário: agrega valor. Mas é preciso uma boa dose de bom senso, como não participar de comunidades do tipo "Eu odeio segundas-feiras", "Eu adoro armas" ou "Sou cachaceiro com muito orgulho e muito amor".

Na condição de vendedor, encare estas redes sociais como uma extensão de seu trabalho.

Conheço também um vendedor de loja que criou um blog. Como trabalha com roupas, toda vez que chega uma peça ou coleção nova, publica fotos com textos. A maioria de seus clientes sempre acessa o blog para ver as novidades antes de ir à loja. São clientes fiéis, que só compram com ele.

Use a tecnologia a seu favor. Este é o futuro.

Mas lembre-se de que nesta seara um "tiro pode sair pela culatra". Usar todas essas tecnologias e não atualizá-las é pior do que não tê-las.

AÇÕES EM FEIRAS E EVENTOS

A primeira regra: cultive o hábito de participar de feiras e eventos, especialmente aqueles que não têm referência direta com o seu ramo de atuação. Exemplo: se você trabalha com produtos ou serviços corporativos de telefonia, visite feiras de hotelaria. Se trabalha com imóveis, visite a feira do mercado de petróleo e gás. Participe de TODOS os eventos ao seu alcance.

Nas grandes capitais, todos os dias há algum evento importante acontecendo em centros de convenções.

Mas tem de ser cara de pau e deixar a timidez de lado. Seu objetivo por lá é conhecer pessoas, distribuir (e recolher) cartões e fazer negócios a médio e a longo prazo. Apresente-se ao maior número possível de expositores! Uma feira é para isto, para gerar negócios.

A segunda regra: ao retornar para o escritório, cadastre todos os contatos que você fez e desenvolva algum tipo de contato. Se você não realizar qualquer ação com as pessoas que conheceu numa feira ou evento, teria sido melhor não perder seu tempo.

FAÇA PARTE DE ASSOCIAÇÕES E ENTIDADES

Esta é outra característica que encontro em profissionais vitoriosos: eles pertencem, frequentam e participam ativamente das mais diversas associações de classes. Até mesmo as informais, mais comumente chamadas de confrarias.

De quais associações (de negócios) você faz parte? Independente do porte ou do tamanho da empresa que você trabalha, esse é o caminho (alguns chamam de "pulo do gato") para manter uma forte rede de relacionamentos. É o uso do networking que traz resultados.

Opa, mas peraí! Você trabalha com turismo, faz parte e frequenta regularmente as atividades da Associação Brasileira das

Agências de Viagens (ABAV) e acha que isso já basta? Muito pelo contrário, é só o início. Pense fora da caixa! Centenas de outras associações de empresários e líderes se reúnem constantemente. E nem sempre a entidade que reúne o seu setor é a mais adequada ou recomendada para você participar quando o assunto é fomentar rede de relacionamentos.

Existem centenas de entidades que reúnem pessoas interessantes. Dê uma pausa e relacione quais entidades você pode participar.

Exemplos de Associações:

✓ **Setor Atacadista:** ABAD (Associação Brasileira dos Atacadistas Distribuidores). Todo estado tem uma seccional. Esse setor representa 5 % do PIB brasileiro. Em São Paulo é a ADASP. No Rio, ADERJ. Na Bahia, a ASDAB.

✓ **Setor Supermercadista:** ABRAS (Associação Brasileira de Supermercados). Congrega 100 % das empresas do setor, das pequenas às gigantes. No Rio é ASSERJ. Em São Paulo, APAS. Todo estado tem uma.

✓ **Setor Religioso:** Há uma que reúne empresários evangélicos. É a ADHONEP (Associação de Homens de Negócios do Evangelho Pleno).

✓ **Setor Imobiliário:** ADEMI (Associação dos Dirigentes do Mercado Imobiliário) e várias outras.

✓ **Setor de Varejo**: Alshop (Associação dos Lojistas de Shopping), ABF – Associação Brasileira de Franchising e várias outras.

✓ **Comércio em Geral:** Todo bairro, toda cidade e todo estado tem uma Associação Comercial. Procure as mais fortes!

✓ **Setor de Turismo:** ABAV (Associação Brasileira das Agências de Viagens) e várias menores e segmentadas (específicas para hotéis, para operadores de turismo, para turismo receptivo etc).

✓ **Setor de Seguros:** Este tem muitas! Alguns exemplos são o CVC (Clube Vida em Grupo), ACONSEG (Associação das Assessorias de Seguros), SINCOR (Sindicato dos Corretores).

✓ **Instituições de vendas, marketing e recursos humanos:** ABRH-RJ (Associação Brasileira de Recursos Humanos), ADVB (Associação dos Dirigentes de Vendas e Marketing do Brasil), ABMN (Associação Brasileira de Marketing e Negócios).

Você precisa ser visto para ser lembrado. Saiba, para isto, que pessoas de sucesso andam em bando.

Networking é tudo!

8º MANDAMENTO: FAÇA AOS OUTROS O QUE VOCÊ GOSTARIA QUE FIZESSEM A VOCÊ

Neste mandamento, são duas as linhas de raciocínio: "Ética em vendas" e "Ajude o cliente a crescer e vencer".

ÉTICA EM VENDAS

Ética significa modo de ser, caráter e comportamento. É o ramo da filosofia que busca estudar e indicar o melhor modo de viver no cotidiano e na sociedade. Diferencia-se da moral, pois enquanto esta se fundamenta na obediência a normas, tabus, costumes e mandamentos culturais, hierárquicos ou religiosos recebidos, a ética busca fundamentar o bom modo de viver pelo pensamento humano.

Tive a infelicidade de conhecer uma empresa cujo objetivo era vender tudo de qualquer maneira, não se importando com a forma como seus produtos eram vendidos. Vendedores empurravam produtos que não funcionavam e que não faziam o que diziam fazer.

Por causa disso, a empresa tinha, todos os anos, um índice de cancelamento de clientes da ordem de 25 % a 30 %, além de diversas reclamações nos Procons da vida. Por isso, precisava abrir novos clientes diariamente para poder continuar. Resultado: não sobreviveu.

De que adianta atingir metas de vendas deixando para trás uma legião de pessoas lesadas? Pessoas que, se pudessem, nos retirariam do mercado? Pessoas que nos descartarão o maior número de vezes possível, pelo resto de suas vidas?

Uma boa pergunta é: qual é a malandragem em ser antiético? Que lucro temos ao enganar pessoas que confiam em nós quando compram o que vendemos? É impossível não ver os malefícios desse procedimento.

É o desespero por fazer resultado a qualquer custo? Mas será que não vemos que esses resultados são falsos e enganosos, e que amanhã estaremos num desespero ainda maior que o de hoje, pois teremos cada vez menos pessoas para "enganar"? O que importa é o fim e não os meios? Se for isso, devo dizer que você está realmente muito próximo do fim.

Esses dias, li em um jornal popular uma notícia que me deixou muito feliz. Dizia que um falso corretor de imóveis tinha sido preso. Ele vendeu o mesmo terreno — que não era dele — para catorze pessoas diferentes. Chegará um dia em que o próprio mercado se encarregará de expurgar os vendedores que trabalham fora da linha.

A situação é gravíssima. Quase sempre o primeiro trabalho que temos em uma visita a um cliente novo é provar nosso bom caráter para, só depois, poder tratar da comercialização de nossos produtos ou serviços. Devemos mostrar que temos ética.

E ter ética em vendas é jamais prometer o que você ou sua empresa não podem cumprir. É honrar sua palavra! É ter compromisso. É nunca mentir e não omitir.

ENTRE O PEDIDO E A ÉTICA? COM QUAL VOCÊ FICA?

Lembre-se: não adianta absolutamente nada ficar com o pedido sem ficar também com o cliente. Trabalhe com ética sempre e acima de tudo.

AJUDAR O CLIENTE A CRESCER E VENCER

As pessoas de sucesso conseguem ver além de seus interesses pessoais. Eles abrem espaço para as pessoas a sua volta evoluírem e oferecem oportunidades para isso.

Profissionais de vendas precisam ajudar o cliente a vender mais (em negócios com pessoas jurídicas) ou a se sentir mais feliz e realizado (em negócios com pessoas físicas). Em ambos os casos, o cliente precisa ter a certeza de que fez um bom negócio e que conta com a assessoria e suporte de alguém que se preocupa com eles.

Seu cliente vê você apenas como tirador de pedidos, de quem ele compra somente quando o preço é mais baixo? Ou ele o vê como uma espécie de consultor, alguém que apresenta a ele ideias positivas e tendências de mercado?

Ensine o cliente a usar melhor seu produto ou serviço. Apoie suas iniciativas. Leve boas ideias e boas sugestões.

Oswaldo trabalha em uma empresa vendendo sistemas de segurança eletrônica (câmeras, alarmes e monitoramentos). Depois de visitar sete vezes o dono de uma rede de restaurantes sem conseguir qualquer resultado, uma espécie de "milagre corporativo" aconteceu.

O vendedor presenciou uma conversa entre seu cliente e o gerente de uma das lojas. Eles estavam implantando uma adega nas lojas e tinham muitas dúvidas. Uma das dúvidas era a diferença entre enólogo, sommelier e enófilo.

Observe a coincidência: nas horas vagas, Oswaldo é um exímio apreciador de vinhos. Por isso, tomou coragem, interrompeu a conversa e explicou:

"O enólogo é formado na faculdade de Enologia, a ciência que estuda os vinhos. Ele é especialista em técnicas de vinificação e produção de vinhos que normalmente trabalha na vinícola. Ele acompanha o desenvolvimento da videira, a colheita, a fermentação do vinho, seu envelhecimento e seu envasamento.

O enófilo é o amante do vinho. Aprecia e valoriza essa bebida; se dedica a estudar, geralmente por prazer, o maravilhoso mundo dos vinhos. É o crítico da bebida, um degustador.

Já o sommelier é um conhecedor do vinho. É ele que pode auxiliar, num restaurante por exemplo, na escolha de um rótulo para acompanhar determinado prato."

Oswaldo recebeu a bola e a chutou. E, claro, marcou um golaço. Saiu de lá com o contrato e com agenda para, gratuitamente, ministrar uma palestra sobre vinhos para todos os garçons daquela rede de restaurantes.

Eduque seus clientes.
Vá além das limitações dos seus produtos e serviços.

9º MANDAMENTO: VENDA E NEGOCIE BENEFÍCIOS (E NÃO PREÇOS)

A antiga escola de vendas nos ensinava que o vendedor precisava matar um leão por dia. Este ensinamento faz parte do passado. Hoje, no máximo, o vendedor precisa domar o leão, mas não matá-lo.

- ✓ Quem vende características é o tirador de pedidos, e não o vendedor.
- ✓ Quem vende metro quadrado é o engenheiro, e não o corretor de imóveis.
- ✓ Quem vende cotação é o sistema, e não o corretor de seguros.

O verdadeiro consultor de vendas vende vantagens e entrega benefícios.

Portanto, neste mandamento, a primeira regra é: não comece uma visita de vendas ou uma abordagem fazendo com que o cliente o veja como um inimigo a ser vencido. A melhor negociação de todas é aquela que você vence, e o seu oponente tem a satisfação de ter feito um ótimo negócio. Desse jeito, os dois vencem.

Com a revolução da comunicação, as pessoas estão bem informadas. Em muitos casos, o cliente sabe muito mais sobre determinado produto ou serviço do que o próprio vendedor.

Segunda Regra: Ninguém compra prejuízo. É claro que você precisa apresentar as características daquilo que está vendendo. Mas o que vai fazer o cliente fechar o negócio são as vantagens e os benefícios percebidos.

Responda a estas três perguntas:

- ✓ **Você já negociou e acabou aceitando comprar um prejuízo?**
- ✓ **Você já voltou para comprar de alguém que lhe deu prejuízo?**

✓ **Você já recomendou para outra pessoa que ela fosse comprar de alguém que lhe vendeu prejuízo?**

O profissional de vendas de sucesso vende aquilo que vai sanar as necessidades do cliente, e não o que ele quer ou precisa vender para bater uma meta e ganhar um bônus. Definitivamente, o campeão de vendas não "empurra" produtos. Mas também não deve se contentar com o não.

Ele deve fazer com que o cliente sinta necessidade de adquirir aquele item. Este é o verdadeiro trabalho de um vendedor. É fazê-lo comprar o que ele precisa, mas ainda não sabe.

Terceira regra: Preço é importante, mas não é tudo. Você acha mesmo que o que atrapalha as suas vendas são os preços dos seus produtos?

Mas por que, pelos mesmos preços, você vendeu para o cliente anterior e não está conseguindo vender para este? Afinal, os preços não mudaram e só então você vendeu.

A resposta é simples: porque para o outro cliente você foi convincente, e não está sendo para este. Passou credibilidade, teve argumentos competitivos e inabaláveis.

Neste exato momento, todos os seus colegas estão vendendo pelos mesmos preços que você, pois todos têm a mesma tabela e estão vendendo. Então, qual o problema? Os preços? Não. O problema é que, às vezes, erramos na nossa argumentação e acabamos não conseguindo persuadir o cliente.

É claro que preço é importante, eu jamais diria que não é. Quero que entenda que NEM SEMPRE é o preço que nos prejudica. Muitas vezes, nós é que não somos felizes ao trabalhar esse quesito.

Em outras palavras: quase sempre, a culpa é só nossa e não dos preços mas, para nos confortar, jogamos a culpa neles em vez de assumirmos que deixamos a desejar na argumentação dos benefícios e vantagens de nossos produtos.

Todos os dias, quando vamos trabalhar, lotamos nossa cabeça com o que há de pior: preço, custo, demora na entrega, conta para pagar, sacrifício, carnê, saldo negativo.

Ou seja, associamos nosso trabalho e nossa oferta a "custos" e a questões negativas, e passamos isso para o cliente.

E se, em vez disso, associássemos nosso trabalho, produto e serviço a coisas boas, como por exemplo, lucros, dinheiro entrando, vantagens, benefícios, segurança, entrega pontual, futuro melhor, prazer? As coisas seriam bem diferentes.

Teríamos mais argumentos e falaríamos com segurança, cumpriríamos o verdadeiro papel do vendedor, que é vender ideias e propostas, e não, produtos e serviços.

Guarde muito bem esta frase: Não existe "custo" para o vendedor de sucesso. Seu preço é um investimento e valor agregado. Isso sim é proporcionar um atendimento diferenciado, que gera resultados.

Quarta regra: Características, Vantagens e Benefícios. Quando você vai comprar um carro, não compra de fato aquilo que o carro é. Afinal, todo veículo tem motor, vidros, portas e nos leva de um lugar para o outro.

O que nós compramos é aquilo que ele nos proporciona (*status*, comodidade, qualidade de vida, dentre outros) e aquilo que o vendedor prova que é diferente da concorrência (garantias e flexibilidade no pagamento, por exemplo).

Para facilitar o entendimento, relacionei didaticamente as diferenças entre características, vantagens e benefícios.

✓ **Características:** São os itens que descrevem aquilo que um produto ou serviço é. Geralmente, estas informações estão disponíveis nos manuais, registros, sistemas e etiquetas. Se você tiver alguma dúvida sobre estes quesitos, trabalhe com o manual do lado. Mas todo cliente pode descobrir facilmente as características do produto ou serviço. Geralmente, estão a apenas um clique de distância.

Exemplo do vendedor de carros: Este carro tem quatro portas, motor 2.0, ar-condicionado de fábrica e vidros elétricos.

✓ **Vantagens:** São afirmações que proporcionam o algo a mais para o comprador. Em geral, falam do que o produto tem.

Exemplo do vendedor de carros: Este carro vem com cinco anos de garantia, é fabricado aqui no Brasil e se precisar de peças vai ser mais barato e rápido.

✓ **Benefícios:** São afirmações que mostram como o produto, sua característica ou vantagem satisfaz uma necessidade explícita do cliente. Em geral, falam do que o produto pode se tornar.

Exemplo do Vendedor de Carros: com este motor 2.0, este carro anda muito bem na estrada e sobe ladeira com muita facilidade. Os itens de série são uma "mão na roda": o ar digital faz com que você possa regular com precisão a temperatura. É um carro alto, que vai te proporcionar uma visão superior do trânsito.

Agora é com você. Pegue uma caneta e preencha os campos abaixo.

	Características	Vantagens	Benefícios
Seu produto ou Sua empresa			

Veja que falar de características é fácil, basta dizermos tudo o que nosso produto ou serviço "é", e, para não passar informação irreal, use e abuse dos manuais.

Esta técnica, a CVB (Característica, Vantagens e Benefícios) é considerada por muitos especialistas como básica em vendas. Mas é impressionante: nos treinamentos que ministro, percebo que a maioria dos vendedores não sabe identificar as vantagens e benefícios do produto ou serviço que vende e da empresa em que trabalha.

"Não acredito em circunstâncias. As pessoas que vencem neste mundo são aquelas que se levantam e procuram as circunstâncias que querem e que, quando não conseguem encontrá-las, fazem-nas."

George Bernard Shaw

10º MANDAMENTO: SEJA UM PORTADOR DE BOAS NOTÍCIAS. DINHEIRO É CONSEQUÊNCIA

Ninguém faz negócios com pessoas desmotivadas, que reclamam da vida, do futebol, da política. Se está sol, falam: "Que sol terrível, não dá para trabalhar assim". Se está chovendo, dizem: "Não posso trabalhar com este dilúvio, vou chegar no cliente todo molhado".

Um profissional de vendas precisa ser o portador de notícias agradáveis, transbordar boas ideias e ser pautado por pensamentos positivos. Deixe seus problemas em casa, não os leve para o cliente. O cliente já tem os dele.

O vendedor de sucesso tem também um pouco de artista. Quando um ator e/ou uma atriz entram em cena mudam radicalmente, mesmo com os diversos problemas que eles possam ter. Assim deve ser o vendedor.

Todos nós temos problemas! O que diferencia campeões de perdedores é a forma como eles encaram esses problemas.

Para cumprir este mandamento e se tornar um portador de boas notícias, siga este roteiro com cinco dicas:

Primeira Dica: Deixe de assistir a programas sensacionalistas na TV (aqueles que só mostram desgraça).

Segunda Dica: Troque o jornal popular — aquele que só fala de tragédias — por jornais com conteúdo relevante. Outro dia, encontrei um vendedor na rua. Ele segurava dois jornais. "Que legal" pensei, antes de notar que um só falava de esportes, e o outro era um jornal popular com uma "bela" manchete noticiando a morte de Michael Jackson: "Nasceu preto, virou branco e vai virar cinza".

Terceira Dica: Dê uma reduzida na leitura de resumos das novelas e no horóscopo. Utilize o tempo canalizando notícias positivas e que, de fato, agreguem algum valor ao seu trabalho.

Quarta Dica: Um ditado antigo nos fala "Diga com quem andas que eu te direi quem és". Eu prefiro esta adaptação: "Diga com quem andas que eu te direi aonde você vai parar". Deixe de lado aquele colega "nuvem negra" que o puxa para baixo. Ande acompanhado de pessoas de bem com a vida.

Quinta Dica: Estava eu na recepção de uma empresa quando o vendedor chegou e foi saudado pela recepcionista:

— Bom dia! — disse ela.

— Bom dia pra quem? Só se for para você, aquele cliente *@&#¨#$($* é um &$¨@*(¨*)! Não compra nada, meu pneu furou, está tudo uma grande desgraça.

Só a sorte para mudar o dia daquele vendedor.

Por outro lado, não estou lhe dizendo que pensamento positivo resolve todos os problemas, porque se assim fosse, o mundo seria diferente.

Mas em vendas, ser otimista é determinante e ninguém duvida disso.

O menos importante na venda é a técnica. O mais importante é o estado de espírito do vendedor. Ideia sem ação não é nada.

Dinheiro é consequência de serviço prestado, produto entregue e cliente satisfeito. Quando o profissional coloca o dinheiro como foco, dificilmente o terá.

Seu maior obstáculo é você.

Sua altitude depende de suas atitudes!

Recapitulando: OS 10 MANDAMENTOS DO VENDEDOR DE SUCESSO, por Diego Maia:

1. **Preparação**
2. **Planejamento de carreira**
3. **Planejamento financeiro**
4. **Comprometimento**
5. **Aprender com os erros**
6. **Inovação**
7. **Networking**
8. **Faça aos outros o que você gostaria que fizessem a você**
9. **Venda e negocie benefícios**
10. **Seja um portador das boas notícias**

"O lado mais corajoso e audacioso do processo de mudança não é a decisão inicial de mudar. É a FORÇA DE VONTADE de permanecer no mesmo curso."

MENSAGEM FINAL

Na vida temos uma escolha:

Podemos carregar o peso da disciplina ou o peso do arrependimento.

Se pudéssemos colocá-los em uma balança, a disciplina pesaria vários quilos, já o arrependimento pesaria toneladas!

Ale Jacta Est.

CONTATOS DO AUTOR

Será uma grande satisfação manter contato com você. A seguir, você encontra meus endereços.

SITE / BLOG: www.diegomaia.com.br

EMAIL: diego@diegomaia.com.br

TWITTER: Me siga no Twitter: http://twitter.com/diegomaia_br

FACEBOOK: Me adicione! www.facebook.com/diegomaia.cdpv

YOUTUBE: Veja meus vídeos no *YouTube*. Lá tem muita coisa bacana, inclusive *making-of,* em vídeo, dos meus programas na MPB FM. www.youtube.com/cdpvrhvendas .

Grupo CDPV

Matriz, RJ: (21) 2112-9999 | **Demais Capitais:** 4007-1037 | www.cdpv.com.br

****

PROGRAMA 'MUNDO EMPRESARIAL'

Diego Maia apresenta, na qualificada rádio carioca MPB FM (90,3), o programa Mundo Empresarial.

De segunda a sexta, às 8h e às 18h, muitas dicas de vendas, marketing, negócios, gestão e carreira.

Fora do Rio de Janeiro, você pode conferir o programa pelo portal www.mpbbrasil.com . Neste mesmo endereço, você encontra todos os programas e boletins que já foram ao ar. É uma consultoria gratuita.